ケンカ国家論

装丁　前橋隆通
　　　長島理恵
題字　安部俊彦

はじめに――なぜ今、「ケンカ」が必要か

日本の地盤沈下が止まらない。国家も企業も個人も、信じがたいほどひ弱になってしまった。

2012年には中国の活動家が沖縄県の尖閣諸島に上陸。漁船群が尖閣周辺海域への侵入を繰り返し、2013年になってからは領空侵犯を堂々と行ない、海軍艦艇が日本の海上自衛隊の護衛艦に向けて火器管制レーダーを照射する挙に出た。韓国大統領だった李明博《イミョンバク》は、不法に実効支配を続ける島根県の竹島を訪れ、日本の領土を踏みにじることで韓国国民のナショナリズムを高揚させようとした。改めて言うまでもなく領土は国家の基盤そのものである。だが、日本政府は中国にも韓国にも有効な反応ができなかった。

政府だけではない。日本を代表する企業であったパナソニック、シャープなどの家電メーカーの年間の赤字額は一時期、合わせて1兆円規模にのぼった。国際競争力を失い、新たな稼ぎ口を見つけられないまま迷走が続く。個人レヴェルでも、老人は既得権益にしがみつき、政治家は選挙の票目当てで公共事業という名のバラ撒きばかり口にして、痛みを伴う改革は先延ばしにする。異議申し立てをすべき若者たちの多くはそうした日本の現状に怒ろうともしない。むしろ現状をなんとか維持しようとリスクを取らない生き方ばかりを模索しているようにさえ見える。

聞こえてくるのは言い訳じみた守りの言葉ばかりだ。

「中国は経済成長著しい新興大国だから、たかが島のことくらいで刺激しないほうがいい」

「不安定な時代だから公務員になって安定した人生を送りたい」

その結果、中国や韓国、ロシアといった近隣諸国は日本の領土を蹂躙し続け、要求をエスカレートさせる。企業は優秀な人材を育てることができず、才能溢れる若者は少なくなった。国家も企業も個人も閉塞状況を抜け出せず、負のスパイラルに陥っている。では、刺激しないことで日中関係は良くなったのか？　公務員になって将来は安泰なのか？

様々なかたちで噴出する諸問題は、決してそれぞれ独立したものではない。互いに深く関係している。日本の個人や企業が力を失い、国力が低下した。周辺諸国はそれを見逃さず、「今がチャンスだ」とばかり日本の領土に手を伸ばした。そして政府の「守り重視」の姿勢が問題を悪化させる――。

では、こうした日本における負の連鎖を脱却するために何が必要なのか。

私はこの本のテーマを「ケンカ」と定めたが、そこにこそ答えがある。日本人はディフェンスィヴな生き方を捨て、今こそ攻撃に転じなければならない。

「日本は『ケンカ国家』になるべきだ」

こう言うと、頭の悪い過激派や視野の狭いナショナリストばかりが喜びそうだ。が、私がこれから提唱する「ケンカ」は彼らの蛮勇とは全く違うものだ。

日本人は「ケンカ」に悪いイメージを持ってしまっている。実は、そのこと自体が問題だ。この本で言う「ケンカ」は、単なる戦争や殴り合いを指すものではない。簡単にまとめれば「対立や軋轢《あつれき》を恐れず、情報や知識、プロパガンダ、交渉力を駆使しながらアグレッスィヴに他者・他国と競い合う」ことを指す。その競争・対立関係の中で勝ち残っていく力を身につけようということだ。「ケンカ」をする力は、国家の平和や安全を守り、ダイナミックで活力ある社会を生み出すためになくてはならないものであり、今の日本に決定的に欠けている要素なのだ。

対立よりも調和を好む傾向が日本人にはある。確かに、それでうまくいっていたように見えた時代もあった。個人が終身雇用や年功序列の賃金で守られ、企業は護送船団方式で業界秩序を守り続け、政府は冷戦構造の中で何も考えずにアメリカに付き従ってきた。多くの特殊な条件の下で、「ケンカ」なしで発展できた時代が続いてしまった。しかし、その牧歌的な時代は終わった。それなのに日本人の頭の中だけが変化に追いついていない。今こそ「ケンカ」の効用を学ぶべき時なのだ。

残された時間は多くない。

あまり認識がないかもしれないが、日本はとても危険な環境に置かれた国だ。中国、ロシア、北朝鮮という核保有国に囲まれ、領海や領空がほぼ日常的に脅かされている。

私が過去に何度も取材で訪れたイスラエルという国は、敵国に囲まれながら生き残ってきた国家だ。常に戦いの備えを怠らないイスラエルが最も警戒しているのは「周辺国が核を保有すること」である。現在もイランの核開発に神経を尖らせ、核保有を必死で防ごうとしているのは、それが国家の存亡を左右するイシューであると強く認識しているからだ。そうした国と比較すると、日本の政府と国民の危機感はあまりに薄い。猛獣や毒蛇がウロウロするジャングルの中を、丸腰どころか素っ裸で歩いているようなものだ。

国家安全保障の議論では､軍備をタブーとしない保守派までが「アメリカが守ってくれる」と本気で言う。それは幻想にすぎない。詳しくは本文の中で述べるが、これまで世界の警察官の地位にあったアメリカが、急速に「ケンカ」のできない国家へと変わりつつある。もちろん、アメリカにとって日本が「ケンカ」をしてまで守る価値のある国ではなくなってきたという側面もある。そうした認識を日本人がどれだけ持っているだろうか。

もちろん、「戦争はいけない」と言い続けるだけの見せかけの平和主義者も日本には多く蔓延《はびこ》ってきた。丸腰で平和を訴えていればそれが実現するという考え方だが、こちらはもっとお話にならない。相手はジャングルの猛獣たちである。銃口を突き付けられた状況で「話せばわかる」と言っても意味がないことは歴史が証明している。敗戦の歴史から学んだ結果が、戦いを無闇に嫌悪し忌避していれば平和に暮らせるという妄想だとすれば、愚かと言う他ない。

結局、日本では左派が「ケンカはよくない」と繰り返し、右派は「必要なケンカはアメリカがやってくれる」と他人任せにする。私から言わせればどちらも思考停止であり、自分の責任で「ケンカ」をするリスクから逃げているだけだ。そろそろ一人前の国家として、自分たちの国は自分たちで守るためにどう「ケンカ」をしていくか論じる時ではないだろうか。そうでなければ日本という国は世界地図の上から消滅してしまう。

念のために繰り返すが、単純に武力を行使せよということではない。知力、交渉力、そしてインテリジェンスを総動員して国家の安全を保つのだ。本書には私が取材してきた「ケンカ」のできる国家・リーダーについて詳しく書いた。是非そうした事例から多くを吸収してもらいたい。

個人についても同じことが言える。

自分の責任で「ケンカ」をするリスクから逃げるから、会社や組織に頼ろうとする。だが、衰退していく国で守りに入っても何の意味もない。守ろうとした地位や生活の基盤そのものが崩壊しかねないからだ。棺桶に半分足を突っ込んだ老人がなんとか逃げ切ろうとするならばまだしも、これから何十年も日本人として生きていく若者は、目の前のリスクを避けた分だけ未来のリスクが増大する。

今勤めている会社にしがみつこうと社内政治にばかり目を配っていても、会社が潰れてしまえばその努力は無に帰し、そこで得たノウハウは何にも使えない。古き良き牧歌的な時代と違って、勤めている会社が潰れるリスクはどんどん増大する。ならば、会社がなくても生きていける力を身につけることが先決ではないだろうか。今すぐ辞表を叩きつけろとは言わない。まずは自分の実力を見定め、未来を見据えて人脈を作り、スキルや知識を身につけていくのだ。

会社や上司のせいにせず、自分の責任で仕事ができるようになろう。そのためには、逃れることのできた軋轢や競争という「ケンカ」にも巻き込まれるだろう。しかし、グローバル化が進んだ荒波の中で生き残るには「ケンカ」をする力は必要不可欠だ。ダチョウは砂漠で砂嵐や外敵に遭遇すると、穴を掘ってそこに首を突っ込む。脅威となる存在から目を背ければ無事でいられると思ってしまうわけだが、現実逃避にすぎない。嵐や敵と正対し、その激しさや恐ろしさを体感しなければ生き残ることはできないのだ。

リスクを取ることや責任を取ることから逃げず、それによって成功した個人の話も本書の中では多く紹介した。彼らから人生の意味やエッセンスを学んでもらいたいというのも、私の切なる願いである。

国家も個人も、目の前のリスクを恐れずに挑戦する。そうすればチャンスは広がる。そのシンプルな真理を日本人は学ばなければならない。

悲観することはない。「守るべきものがなくなった時代」というのは、言い換えれば「攻撃有利の時代」なのだ。そのことに気付きさえすれば、嵐の中で勝ち残っていく力が日本人にはある。日本人は勤勉であり優秀だ。実は「ケンカ」の能力も高い。「ケンカ」の必要性とやり方を理解すれば、国家にも個人にも、まだまだ輝かしい未来があると私は信じる。

さあ、声を大にして「ケンカ国家」を論じようではないか。

2013年3月

目次

第2章

「情報」は最高の武器

第3章

戦えるリーダーの条件

第4章

日本人よ、打って出ろ！

組織にしがみつくことこそがリスク
正しい英語力の磨き方
まずは己を知れ
ソニーも松下も「ケンカ」で大きくなった
親友の条件と作り方
企業はムラ社会への依存を絶て
「ロール・モデル」を見つけろ
野茂とイチローの取ったリスク
周囲への甘えを捨てろ

ケンカ国家論

第1章 「ケンカ」のできない日本

まずは現状を正確に認識するところから始めたい。

この章では、日本という国家がいかに〝ケンカ音痴〟であるかを明らかにしていく。読んでいてあまり心地よくない話が続くかもしれないが、活力ある「ケンカ国家」に生まれ変わるためには必要な作業だ。私とて祖国の悪口は言いたくない。だが、非情な現実と向き合うことこそが「ケンカ」に強くなる第一歩なのだ。

「礼儀正しい」という誉め言葉を鵜呑みにするな

２０１２年にイギリスのＢＢＣが世界22か国で行なった世論調査で、「世界に良い影響を与えた国」の第1位に日本が選ばれた。

前年に起きた東日本大震災という未曾有の災害を目の前にして、日本人が規律正しい行動を貫いたことが影響したものと考えられる。確かに、他の国で同様の災害が起きれば、略奪や暴動、パニックが横行するのが当たり前だ。その意味で冷静さや礼儀正しさを失わない日本人は素晴らしい。世界からリスペクトされてきたことも間違いないだろう。

しかし、そうした称賛の声に気をよくして大事なことを見逃してはいないだろうか。日本は礼儀正しい国家と認識されている。裏返せば、「他の国は必ずしも日本ほど礼儀正しくない」のである。

日本から遠く離れた国であれば礼節を重んじる日本人を好ましく思うかもしれないが、実は近隣諸国からすれば、それは「弱さ」に見える。大人しく従順なイメージは、厳しい国際関係や「ケンカ」の場面では「付け入る隙がある」と受け取られるのである。悲しいがそれが現実だ。国際社会においては国同士が利害関係の一致で一時的に手を結ぶことはあっても、本当の〝トモダチ〟になることはない。その前提で物事を考えなければ国益を守ることなどできない。残念ながら日本にはその認識が不足している。

東日本大震災の直後に、ロシア空軍の情報収集機が日本の領空スレスレにまで接近し、航空自衛隊の戦闘機がスクランブル発進する事態が続発した。また中国の偵察機も活動を活発化させ、震災後の半年で自衛隊機の対中国機スクランブルは前年の同じ期間の約3倍に激増している。これが何を意味するか。もちろん福島第一原発の事故による放射能拡散などの情報を独自に収集していた可能性もある。同時に、あのような大災害の際に、日本政府や自衛隊がきちんと機能しているか、挑発行為に対して対処できるかを試していた可能性もある。いずれにせよ、他国が大きな国難に見舞われている時にこそ、敵対国はチャンスと見て攻めてくる。「災害の隙を突くとは卑怯じゃないか」などという甘いヒューマニズムが通用する世界ではない。

現に、自衛隊が被災地への救援活動に多くの部隊を割いている時に、それを「チャンス」と捉えた隣国が複数あったのである。

その後、2012年7月にロシア大統領だったメドベージェフが北方領土（国後島）を訪問。2012年8月には中国の活動家が、日本が実効支配しているはずの尖閣諸島に不法上陸した。韓国大統領だった李明博も島根県の竹島の土を踏んだ。こうして時系列を整理すると、彼らが日本の領土に触手を伸ばしたのは、震災によって日本の「国力」と防衛力が落ちたと判断した上での行動だったことが明白である。

ところが日本の政府もマスコミも、震災をきっかけに国土を侵食しようとする隣国の動きを積極的に公表、警告しなかった。どこからどれだけの支援があったか、つまり「日本には〝トモダチ〟がたくさんいる」という美談ばかりが紹介されたが、実際には大震災よりずっと大きな国家的危機が日本に迫っていたと考えるべきだった。「困っている人がいたら助けてあげたいと思うのが当たり前だ」という日本人の価値観で物事を考える悪い癖は、政府やマスコミにまで完全に染みついている。

もちろん個人のレヴェルでは、ロシア人でも中国人でも韓国人でも、本気で日本の友人のことを気にかけ、助けようとした人たちがたくさんいた。他国にはヒューマニズムがないと言っているわけではない。しかし、それは国と国とのせめぎ合いとは別次元の話なのだ。日本の政治家もマスコミも、そして国民自身にも、そうした意識が足りなかった。

隣国との関係構築はまさに「ケンカ」である。

弱みを見せれば付け込まれる。殴り合いをする時に、相手が包帯を巻いていればそこを狙って拳を繰り出すのは当然のことだ。悲しい現実ではあるが、それを卑怯だと非難しても仕方がない。「ケンカ」に愛情を求めることは滑稽である。東日本大震災が端緒となった日本の領土危機は、そうした国際関係の真理と日本人の〝ケンカ音痴〟ぶりを改めて浮き彫りにした出来事であった。

尖閣「棚上げ論」を黙認したのは敗北だ

「はじめに」でも書いたが、国家による「ケンカ」とは、単に武力行使を指すわけではない。知力、交渉力、インテリジェンスを駆使した駆け引きにこそ「ケンカ」の神髄はある。その意味で言えば、日本の領土危機は今になって表面化したにすぎず、実際には長年にわたって「ケンカ」を避けて放置してきた失政の結果だと言ったほうがいい。

1978年10月に、当時中国の国務院副首相だった鄧小平が、中国の国家指導者として初めて日本を訪れた。昭和天皇と会談し、新日鐵や日産自動車、松下電器産業(現パナソニック)の工場を視察。新幹線に乗ってそのスピードに驚きの表情を見せ〝これこそ大躍進だ〟と言ったというのは有名なエピソードだ。

この来日のメインの目的は日中平和友好条約の批准だったが、この時に鄧小平が持ち出したのが、尖閣諸島を巡る問題をとりあえず未来の世代に託すことにしよう、という「棚上げ論」だった。正確には、会見で鄧小平は次のように述べていた。

「我々の、この世代の人間は知恵が足りません。この問題は話がまとまりません。次の世代はきっと我々よりは賢くなるでしょう。その時は必ずやお互いに皆が受け入れられる良い方法を見つけることができるでしょう」

もちろん日本政府はこの時点でも「尖閣は日本の領土であり、領土問題は存在しない」という立場だった。だが、鄧小平が口にした「棚上げ論」を表立って否定・批判することなく、事実上黙認した。

当時の外務省や政府首脳部は、「友好条約批准が目前に控えているのだから、わざわざ波風を立てることはない」と判断したのである。「ケンカ」するリスクを避けて問題を先延ばしにしてしまったわけだ。

一方の鄧小平という男は、日本の政治家よりも遥かにしたたかで頭の良い政治家だった。日本を訪れるまでに3度の失脚を経験し、その都度どん底からカム・バックを果たしてきた経験の持ち主。中国共産党内での血で血を洗う権力闘争を生き抜いてきた「ケンカ」のやり方を知り抜く政治家だったというわけだ。

国連の調査で尖閣周辺海域に石油や天然ガスが存在する可能性が指摘されたのは1968年のことだった。来日した当時の鄧小平は、もちろんそのことを知っていた。だが、当時の中国には工業や農業、科学技術の近代化が足りなかった。そしてその近代化を実現するためには日本からの資金や技術の援助が必要不可欠だったのである。だから鄧小平はまずは友好条約で日本の援助を引き出すことを最優先し、しかし一方で地下資源にも恵まれた尖閣諸島も手に入れるため、「現時点で真正面から領有権問題でやり合うより、問題を先送りしておけばいつか中国が有利になる時代が来るかもしれない」と判断し、「棚上げ論」を持ち出したのだ。友好条約の直前にこれを口にしたのも、そのタイミングが最も日本からクレームをつけにくいと計算した上でのことだろう。

逆に言えば、日本にとっては大きなチャンスになるはずだった。

日本政府が後押しする中で日本企業が中国に進出すれば、中国の近代化に貢献するし、中国人の雇用も確保できる。そうした協力はするが、その代わり歴史的に日本の領土であることが明白な尖閣諸島については、二度と手出しはするな、領有を主張するなとはっきり突き付けておけばよかったのだ。相対的に日本の国力が遥かに上だった1978年当時であれば、そうしたネゴシエーションは可能だった。中国は悔しがっただろうが、その時点では日本の要求を呑まざるを得なかったはずだ。日本は経済力と技術力という強い武器を持っていたのに、それを正しく「ケンカ」に使うことができなかった。その後、日本企業の進出や巨額の円借款《えんしゃっかん》、ODAなどの支援によって中国は急速な経済発展を遂げた。まだその途上であれば、同じような交渉も可能だったが、やはり問題は先送りにされ続けた。

改めて言うまでもないが、尖閣諸島は歴史的に見て明らかに日本固有の領土だ。様々な史料が証明するように、その真実は揺るがない。しかし、国家の歴史が戦争による領土の奪い合いの歴史であったことからわかるように、領土は歴史によって確定するのではない。国家間のパワー・バランスによってその境界線はいくらでも塗り替えられる。

30年の時を経て、日中間の「国力」は逆転しつつある。鄧小平の〝時間稼ぎ〟の目論見は成功したと言えるだろう。「棚上げ論」は時限爆弾のように効力を発揮し始めた。今になって中国側が持ち出す理屈はこうだ。

「『棚上げ』という話になっていたのに、いきなり尖閣諸島を国有化して現状を変更した日本政府に非がある」

日本政府としては「棚上げ論」を公式に認めたことなどない。しかし、公式に強く否定もしなかった。「ケンカ」を嫌い、リスクを避け、事なかれ主義で対応してきたことで相手に付け入る隙を与え、より大きな危機を招いてしまった。〝ケンカ音痴〟の日本が領土危機に直面することは、30年以上前から運命づけられていたのである。

尖閣問題が過熱する中で、中国国内では大規模な反日デモが繰り広げられ、日本企業の店舗や工場が相次いで襲撃された。皮肉なことに、最も酷い被害を受けたのは1978年当時に鄧小平が日本で見学し、「近代化の手本」と称賛したパナソニックの工場であった――。

安倍首相は「事なかれ主義」の外交から脱却できるか（下は中国での反日デモ）。

国家間の「ケンカ」に負けるとは、そういうことなのだ。

問題の先送りが返済不能なツケを生む

目の前の「ケンカ」を避けて問題を深刻化させるのは日本の〝得意技〟だ。

韓国に実効支配されてしまった島根県の竹島にしても、全く同じ構図だと言えよう。竹島は、1952年に文字通り強奪された。国際法上は何の根拠もない「李承晩ライン」という軍事境界線を韓国が勝手に引いた。言ってみれば、「今日から韓国の領土はここまでだからな」と一方的に宣言しただけのものだ。敗戦からまだ間もなかった日本は、きちんとそれにクレームすることも、実効支配の手段を講じることもできなかった。その時点の日本の国際的な立場は非常に危ういものだったから、韓国がそこに付け込もうと狡知を巡らせたことも、日本政府がカウンターパンチを繰り出せなかったことも、まだ仕方なかった面もある。ところが、こちらは尖閣とは逆に、日本がどんどん国力も立場も強くなっていったその後の50年以上の間、いくらでも取り返すチャンスがあったにもかかわらず何もせず、こんな不法な実効支配を許してしまった。時間とともに解決が困難になるのは当然である。2012年12月に韓国大統領選挙に勝利した朴槿惠《パククネ》は奇しくも1952年生まれである。大統領が生まれた時から韓国が実効支配し続けている島である。あちらの視線で見れば、これを「日本の領土だから返します」と言えるはずがないことは当然だ。

韓国は半世紀にわたる反日教育で、「独島（竹島の韓国名）はわが領土」と国民に徹底的に刷り込んだ。結果として2012年の李明博がやった大統領の竹島上陸のような愚行で反日ナショナリズムが盛り上がる社会が作り上げられてしまった。ロンドンオリンピックで韓国サッカー選手が〈独島はわが領土〉と書かれたボードを持ってグラウンドを駆け回った蛮行にしても同じだ。今になって日本人が歴史的事実や客観的史料をもって議論しようとしても、反日の象徴としての竹島という構図が韓国に根付いている以上は難しい。尖閣同様、問題を先送りしたことで日本に不利な状況が生まれたのである。ここでも日本の〝ケンカ音痴〟が災いした。

しかも、日本政府はこの期に及んでも先送りをやめない。

李明博の上陸を受け、日本政府が「国際司法裁判所（ICJ）に提訴する」という話があったが、どこかへ雲散霧消してしまった。2012年8月に日本政府はICJへの共同付託を提案したものの、韓国側に拒否された。その後、次の行動を起こしていないのだ。確かに単独でICJに提訴しても、韓国側の同意がなければ裁判は始まらない。ただし、日本が単独提訴した場合、韓国側は拒否理由を説明する義務が生じる。「国際社会に対して説得力のある説明ができない」という竹島問題における韓国の弱点をなぜ突かないのか。

尖閣諸島同様、竹島が歴史的に日本固有の領土であることは間違いない。だからこそ日本政府に求められるのは、現在の「感情論の土俵」ではなく、「証拠に基づく議論の土俵」に韓国を引きずり出すことである。戦いの場を選び、誘導することも「ケンカ」の有効な戦法だが、そうした意識は見えてこない。

日本人は「ケンカ」を怖がる。それが致命的な弱点だ。

2001年のことになるが、当時北朝鮮の後継者とみられていた金正男《キムジョンナム》（当時の総書記・金正日《キムジョンイル》の長男。現在の第一書記・金正恩《キムジョンウン》の異母兄）を成田空港の入国管理局で拘束した時のことを覚えているだろうか。

独裁者の息子であるこのボンボンは、なんと東京ディズニーランドに遊びに行く目的で偽造旅券を持ってのこのことやって来た。これまた「ケンカ」を知らない間抜けぶりだが、とにかく日本にとっては飛んで火に入る夏の虫だった。ところが当時の日本政府は、これが外交問題に発展することを恐れて、拘束した事実が報道された翌日には厄介払いするかのように北京へ送り返してしまったのである。懐に飛び込んできた独裁者の息子という交渉カードを自ら放り出したのだ。

北朝鮮と日本の間には重大な主権侵害である拉致事件をはじめ、問題が山積している。そんな中で〝人質〟をタダで帰してしまうのだから、ケンカ音痴もここまでくれば犯罪的である。やりようはいくらでもあったはずだ。秘密裏に拘束したまま交渉材料にすることもできただろうし、身元を割り出した上で敢えて入国させ、密かに尾行していれば日本国内にいる北朝鮮の工作員を炙り出すことだってできたかもしれない。

結局、現在に至るまで北朝鮮による拉致事件は解決していない。ミサイル実験や核実験を好き放題に繰り返している。恐喝と物乞いで国際社会を翻弄し、アメリカでさえ手を焼く無法者国家から譲歩を引き出すチャンスを日本はみすみす逃したと言えよう。当時の外務大臣だった田中真紀子は先の総選挙でようやく落選したが、私としては、金正男を北京に放り出した2001年の時点で政治家失格の烙印を押されて仕方なかったと思っている。

日本はただでさえ正式な軍隊を持たないという、「ケンカ」をする上でのハンディキャップを背負っている。その上、相手国に甘く見られるような失策ばかり繰り返してきたのだから、むしろこれまで独立を保てていることが不思議なくらいである。

「穏便に済ませよう」とは日本人がよく口にする言葉だ。

そうして目の前の「ケンカ」から逃げると、その時は危機を回避できたかのように思えるが、ツケはどんどん貯まっていく。ツケを貯め込んだ挙げ句に莫大な額の返済を求められ、その時になってから頭を抱えても遅いのだ。

尖閣、竹島、北朝鮮――これらの問題は、その鉄則を厳しく如実に示している。

「アメリカが守ってくれる」はイリュージョン

日本人をここまで〝ケンカ音痴〟にした原因の一つがアメリカの存在であることは間違いない。毒蛇や猛獣がどこから現われるかわからないジャングルでも、強いアメリカが体を張って守ってくれるのだから、日本は丸腰で歩いていて大丈夫――という発想である。

確かにアメリカは日本の同盟国だ。3万人以上の在日米軍が駐留する以上は、日本のために武力を行使することもあるだろう。

しかし、根本的な部分で日本人は何か勘違いしていないだろうか。アメリカは無条件で日本のために戦ってくれるわけではない。もちろん〝トモダチ〟だから戦ってくれるわけでもない。アメリカは「アメリカの国益のために動く」のである。それ以外の行動基準は彼らにはない。そんな当たり前の事実を多くの日本人は見誤っている。

尖閣諸島を巡る問題が典型例だ。

日本政府はアメリカの国務次官補から、尖閣諸島について「日米安保条約第5条（共同防衛）の適用範囲」という言葉を引き出すと、鬼の首を取ったように胸を張った。保守系のメディアもその発言をもって尖閣周辺有事の際にはアメリカ軍が迅速に動き出す確証を得たかのようにはしゃいだ。

また、2012年12月にはアメリカ議会両院が正式に尖閣諸島には安保条約第5条が適用されるとした。では、本当に「安保条約5条の適用範囲」という言葉を額面通りに受け取っていいのか。答えは明らかに「NO」だ。

そもそもアメリカ人のほとんどは尖閣諸島がどこにあるのかすら知らない。歴史的に日本固有の領土なのかも理解していない。現に、米紙ニューヨーク・タイムズは中国側から一方的に流される偽情報にすっかり乗せられて、尖閣は明らかに中国領土だと書く始末である。せいぜいが「日本と中国の間あたりのどこだかよくわからない場所にあるちっぽけな無人島」――アメリカの知識人であってもその程度の認識しかない。だとすれば結論は明らかだ。

「なぜそんな極東に浮かぶよくわからない島のためにアメリカの若者が血を流さなければならないのか。中国とアメリカが戦争しなければならないのか」

多くのアメリカ人はそう考える。誰にでもわかることではないか。

2001年の9・11テロ以降、アメリカはアフガニスタン戦争とイラク戦争で甚大な人的犠牲を払った。ニューヨークという自国の中心都市のシンボルであるワールド・トレード・センターが国際テロ組織によって破壊され、殺戮《さつりく》が行なわれた。そのテロ行為への報復戦争では、それ以上のアメリカ人が死んだ。今やその戦争についてでさえ、批判する世論のほうが強いのだ。

拡張する中国はもちろんアメリカにとって脅威だが、だからといって日本の領土の端っこにある小さな島を守る合理的な理由はアメリカにはない。実際、アメリカ軍は再編によって主要な部隊を沖縄からグアムへと移している。これは中国のミサイルの射程に沖縄が入ってきたことを警戒しているからに他ならない。つまり、アメリカの目的は日本を守ることではない。自国の国益をどう効率的に守るか、ということを考えて行動しているのだ。もっと言えば、日本の島と米兵の命なら、間違いなく後者を大事と考える。

しかも、中国はそうした間隙を見逃さずにアメリカへアプローチしている。いわゆる「世論戦」である。ならず者国家として世界から嫌われる中国が相手なのだから、尖閣諸島を巡る問題でも国際世論は日本の味方だろうと思ったら大間違いだ。プロパガンダによる世論操作・誘導も「ケンカ」の一要素だが、中国側はアメリカの政府関係者や政策シンクタンクの研究者、メディアの人間らとの接触を欠かさない。中国の外交官らが繰り返し自らの主張を相手に吹き込み、徐々に〝洗脳〟していくのである。

ニューヨーク・タイムズの記事はその成果の一つにすぎない。日本が思考停止している間に中国はどんどん国際世論を味方につける包囲網の形成を進めている。その包囲網の中には、日本が頼りにするアメリカも含まれる。いや、アメリカこそ最大の標的だろう。

有事には必ずアメリカが守ってくれる、などという考えはイリュージョンにすぎない。そもそも毎日のように日本の領海や領空に中国の監視船やプロペラ機が現われているにもかかわらず、日本政府は尖閣諸島に警察や自衛隊などを全く送り込んでいないではないか。この間に状況はさらに悪化し、中国の監視船が軍艦に変わり、プロペラ機は戦闘機に変わっていくのだ。尖閣には対空砲や地対空ミサイルなどはない。人がいないのだからそんなものは置けない。せいぜい航空自衛隊がスクランブルするぐらいだが、彼らはミサイルを積んでいない。相手はちゃんと武装している。これではジョークにもならない。

なぜ自衛隊の部隊を駐屯させていないのか。法規的に問題があるとの話だが、領土がならず者国家に奪われるかもしれないのだ。超法規的措置ぐらいとってもいいだろう。現に福田赳夫内閣は1977年のダッカ事件で日本の刑務所に入っていたテロリストを超法規的措置として何人も釈放してパスポートを発行し、カネまで与えたではないか。

政府は自衛隊などを尖閣に駐留させたくはないだろう。理由は簡単。中国を刺激したくはないとのいつものセリフだ。その中国は日本に対してあらゆる方法で刺激をし続けている。

自分の領土と言いながら日本はそれを守るための努力もしない。外国から見たら摩訶不思議な現象と映るだろう。一般のアメリカ人にしてみれば格好のエキスキューズになる。〝自分の国の領土を守ろうともしない国民など助ける価値がない〟という大合唱が起こる。国民から不介入のお墨付きをもらった議会や大統領はホッとするだろう。

「安保5条の適用範囲」という言葉だけでは、アメリカが守ってくれる保証などどこにもない。現にアメリカ国務省は中国に対しては、「領土問題でアメリカはどちらの立場も取らない」とはっきり伝えている。対テロ戦争で日本はアメリカから散々、「ショー・ザ・フラッグ」「ブーツ・オン・ザ・グラウンド」と言われ、言葉でなく行動（部隊の派遣）で戦争への貢献を示せと求められたではないか。なぜ逆の立場になるとそのことを忘れてしまうのか。本当にアメリカが日本のために戦うというなら、言葉ではなく行動で示すはずである。在日米軍はそうした行動を何一つ見せてはいない。それが答えである。

アメリカは同盟国なのだから連携すべきところは連携すればいい。しかし、「ケンカ」をすべてお任せできる〝トモダチ〟など国際社会にはいないのだ。

同盟国としての価値の高め方

当たり前のように聞こえるが、結局、ギヴ・アンド・テイクの関係しかない。正式な軍を持たないハンディがすぐに取り去れないならば、せめて日本がアメリカにとって守る価値のある国なのかを常に自らチェックしなければならない。その検証なしに「アメリカが守ってくれるから大丈夫」と決めつけることが思考停止なのだ。

現状への一つの処方箋は、優秀な諜報機関を創設することだ。次章で詳しく述べるが、「ケンカ」のために欠かせないのが「情報」である。特に日本のような国にとっては、膨大な軍事費を使うよりも効率的な戦略になり得る。

例えば、周囲を敵国に囲まれたイスラエルという国家は、いざという時には必ずアメリカの支持・支援を得ている。アメリカ国内に「イスラエルを守るべきだ」と主張する勢力がいるからだ。

それは誰か？

アメリカ国内にいる強力なユダヤロビーたち——と思うかもしれないが、その答えは間違いとは言えないが正確でもない。イスラエル擁護を最も強く訴えるのは、実はＣＩＡ（米中央情報局）なのである。

ＣＩＡはイスラエルの諜報機関・モサドが常に優れた情報を収集していることを知っている。アメリカにとって役に立つ、有益で正確な情報を提供してくれるモサドがなくなれば、自分たちの力が大きく削がれると考えている。だから、危機に際しては常にイスラエルを助けるべきと主張する。

イスラエル側もそれをよくわかっている。

かつてイスラエル首相を務めたメナハム・ベギンは在任中にワシントンを訪れた際、「石油危機などを経て、アメリカではイスラエル批判の論調が強い。援助を停止すべきとの声もある」とアメリカの記者から問われたことがあった。その時、ベギンはニヤリと笑ってこう返した。

「あなた方は援助を与えてくれるかもしれないが、我々だってあなた方に与えている。それは情報だ。あなた方の援助は30億ドルだが、モサドの情報には金銭に代えられない価値がある」

記者たちがそれ以上、追及することはなかった。

優れた情報はカネでは買えない。それが「ケンカ」の強力な武器になる。日本人はそのことを知るべきだ。何も日本の諜報機関に、世界中に情報網を張り巡らせろと言うわけではない。まずはアジア地域だけでもいいから最新の情報を集め、その半分だけでもＣＩＡに提供すれば、アメリカにとって日本を守る理由が生まれる。「思いやり予算」などよりよほど効果的なアプローチだ。繰り返しになるが、アメリカは「アメリカの国益を守るためだけ」に行動する。日本を守ることがアメリカの国益になる状況を作り出すためには、それ相応の努力が必要なのである。

自国の軍に予算を注ぎ込んで軍備を拡張し、隣国に殴り込みをかけることが「ケンカ」ではない。武力を用いない諜報戦で、カネには置き換えられない情報を手に入れ、それによって同盟国の力をうまく日本のために使う。その結果、相手国に脅威を与えて自国の安全を守ることができれば、これほど効率的でかつ強い「ケンカ」のやり方はない。

口先だけの「同盟関係」など、緊急事態が起きれば簡単に反故にされる。処方箋はこの方法だけではないが、もしアメリカの力を日本の国益を守るために使いたいのであれば、自らの「同盟国としての価値」を高める方法をもっと真剣に考えなければならない。

オバマは「ケンカ」のできないリーダー

アメリカの力を使うことだけが処方箋ではないと述べた。私がわざわざその点に触れたのには理由がある。実は冷戦崩壊後、唯一の超大国として「世界の警察官」を務めてきたアメリカが今、急速に「ケンカ」のできない国に変わりつつあるからだ。

日本の問題点を明らかにするという章の主題から少しずれるが、同盟国の現状と、それによって世界のパワー・バランスがどう変わりつつあるかを知ることは「ケンカ国家」を目指す上で必要な作業だ。ここからしばらくは、「この話が日本とどう関係があるのか」という問題意識を持ちながら読み進めていただきたい。

さて、アメリカが「ケンカ」のできない国になってきたことを端的に示すのが、２０１２年の大統領選挙でのバラク・オバマの再選だ。

かつてのアメリカは「アメリカン・ドリーム」という言葉に象徴される活気に溢れた国家だった。たとえ生まれた家が貧しくても、本人の努力によって健全な競争を勝ち抜けば素晴らしい人生を手に入れられた。そうしたストーリーが共有され、自由競争が尊ばれる社会であった。

国民一人ひとりがハングリー精神を持っていた。同じスタートラインから走り出し、時には「ケンカ」をしながら頂点を目指した。勝ち残った者は富と称賛を手にし、敗れた者も優れた才能と努力を惜しまない精神が残っていれば再起にチャレンジできる。そんな社会がかつては存在した。

だが、オバマの掲げる政策が示す国の進路や、彼に投票した支持者たちが望む社会は、そうしたものとは全く違う。

一言で言えばビッグ・ガヴァメント（大きな政府）志向であり、弱者保護の名を借りた「怠惰の国」へと向かっているのである。

オバマの政策は怠け者にとってはこの上なく甘美に聞こえる。富裕層に高い税を課し、働かない人間には多く給付する。「ケンカ」を好まない人間にとって、これほど嬉しいことはないだろう。だが、こうした政策が続いた結果として、アメリカの景気はいつまで経っても上向かない。

問題はそうした「ケンカ」を避けるアメリカ人がマジョリティを占めるようになってきたことだ。オバマ政権になって以降、連邦所得税を納めないアメリカ人は増え続け、今では約50%にのぼる。フリーライダー（タダ乗り）は増え続け、富裕層へのさらなる課税を支持する「ケンカ」を好まないアメリカ人が2012年の大統領選でオバマに投票した。そして「ケンカ」のできないリーダーにあと4年も国を任せることにしてしまった。

2009年に子ども手当や高速道路無料化などの詐術的なマニフェストを掲げて選挙に勝った日本の民主党のやり方と酷似している。カネをバラ撒いて目の前の利益を貪《むさぼ》り、国家の成長や発展など知ったことではない、という考え方だ。たかり根性の曇った眼で政策を見る有権者には、そうしたバラ撒き政策が魅力的に見える。「ケンカ」をしなくて済む世界が保証されるように思えるからだ。2009年の民主党もオバマも、口先だけは達者だったという点が共通している。だが、厳しい世界を「レトリック」だけで生き残ろうなどという甘い話は通らない。もう一つの共通点は、民主党がほとんど日本を壊したのと同じようにオバマもこれまでにアメリカを半分壊し、これからの4年でそのミッションを完遂させようとしている。

「レトリックや屁理屈」には強いオバマは、選挙期間中の候補者討論会では強さを見せる。相手を批判しだすとその勢いは止まらない。2012年の選挙では現職大統領らしい泰然自若とした受け答えは全く見られず、ただただ権力の座への執念だけが画面越しに伝わってきた。私などは嫌悪感を抱いてしまうが、討論会をオバマの勝利と捉えた視聴者も多かったのだろう。

ただ、バラ撒き公約と対立候補への攻撃で大統領職への執念は見せるが、リーダーとなって何を成し遂げたいのかというヴィジョンが、オバマからは見えない。

2009年に一期目の大統領となって以来、オバマは一体何回「それはブッシュ政権時代に問題の原因がある」と口にしただろうか。一期目のスタート時点では、議会の上院も下院もオバマを支持する米民主党が多数を握っていた。「ねじれ」のない状態で大胆な政策が打ち出せたにもかかわらず、前政権の批判ばかりで、バラ撒き以外、実のある改革は何もしなかった。「核なき世界」と叫んで世界の称賛を浴び、ノーベル平和賞まで受けたことは遠い昔のようだ。今では口にもしない。失業者も減らないし、経済は上向かない。2012年12月にコネチカット州で起きた痛ましい銃乱射事件に際しては、涙を流して銃規制の必要性を訴えて見せた。が、彼は何年も前からそれを言い続けるだけで具体的には何も行動していなかったではないか。銃規制の是非はここでは論じないが、彼が口先だけの男でなかったなら、あるいは20人もの子供たちは命を落とさずに済んだかもしれないのである。

オバマのブッシュ批判は、何もしない自分を隠すための口実である。そうした批判のための批判は不必要な「ケンカ」と言ってもいい。労力はかからないかもしれないが、何も生み出さない。「ケンカ」すべき相手をきちんと見定めることはリーダーの資質として必要不可欠なものだが、オバマにはそれが欠けている。既に政敵の座を去った相手にいくら噛みついても、自分の大統領としての戦いの成果になりはしない。もっとも彼の場合、そんなことは重々承知で労力がかかる本当の「ケンカ」から意図的に逃げているのかもしれないが。

日本にも深く関係してくるアメリカの外交政策に目を向けると、オバマが「ケンカ」のできないリーダーであることはさらに明白になる。うんざりする男の話で恐縮だが、もう少しお付き合いいただこう。

「アラブの冬」がやってきた

2010年末にチュニジアから始まった独裁体制打倒を目指す民主化運動は、北アフリカ・中東に大きな熱狂の渦を巻き起こした。エジプトのムバラク、リビアのカダフィ、チュニジアのベン・アリといった独裁者たちが次々とその座から引きずり下ろされていった。

世界中のメディアが「アラブの春」と騒ぎ立てた運動である。が、私はこの〝革命の連鎖〟が始まった当初から、これからアラブ世界を待ち受けるのは希望に満ちた春ではなく、暗く長い冬だと指摘してきた。

理由は2つあった。

まず、歴史を振り返ればわかることだが、中東や北アフリカにおける「政変」は、当初の目的を達成しないケースが数多くある。2011年にフェイスブックを媒介にして民主化デモへ参加したアラブの若者たちには、腐敗にまみれた長期政権への純粋な怒りがあっただろう。だが、怒りと混沌の中で政変を起こすことに比べ、その後に民主的な秩序をもたらすことは遥かに難しい。

例えば、リビアにおいて42年もの間権力を手放さなかったカダフィという独裁者が最初どのように登場したか、正しく理解しているだろうか。

1969年9月1日にカダフィがクーデター（無血革命）を起こす前、国王・イドリース1世の施政下にあったリビアの腐敗は本当に酷いものだった。政治家が一度大臣になれば、スイスにある銀行の秘密口座には100万ドル単位の額が振り込まれる。その感覚が末端の公務員にまで浸透し、郵便局の窓口職員まで袖の下を求めてきた。まさに政治家と役人たちの楽園、〝ギヴ・ミー・ランド〟だった。

　その元凶である国王への怒りが頂点に達していたリビア国民はカダフィのクーデターを熱烈に支持した。革命で国王がトルコに亡命すると、当時27歳の若々しい将校だったカダフィは臨時の指導者となり、国民を前に「数か月後には選挙を行なう」と約束した。しかし、その約束は果たされなかった。カダフィは権力の魔力に取り憑かれ、27歳の若者は69歳になるまで権力を手放すことはなかったのだ。

　このように中東・北アフリカでは、独裁体制に対して民主化を求めて起きた政変が「次の独裁体制」を生むだけの結果に終わることが間々ある。実際、今回「春」が訪れると言われたアラブ国家では軍事政権やイスラム原理主義国家が生まれようとしている。

　そして2つ目の理由。それはアメリカ大統領であるオバマの〝ケンカ音痴〟ぶりが露見したことだった。

　第二次世界大戦後の世界で、「政変」が安定的な政権へとつながったケースも少なからずあった。そうした事例では、ほぼ例外なくアメリカが世界一の「ケンカ国家」としての力を発揮していた。

　例えば、1986年にフィリピンで起きた「2月革命」では、フェルディナンド・マルコスが独裁者の座から引きずり下ろされた。この時、アメリカ大統領だったロナルド・レーガ

ンの妻・ナンシーはマルコス夫妻に直接電話し、
「もう十分でしょう。飛行機を用意するから、あなたたちはハワイへ出国すべきです」
と諭した。マニラにあるマラカニアン宮殿の周囲が辞任を求める大衆に囲まれる中、マルコス夫妻は米軍ヘリで脱出。米空軍機でハワイへと移送された。こうして、20年以上にわたる独裁が終わりを告げた。その後のフィリピンがクーデター危機に何度も晒されながら、なんとか民主主義を定着させることができたのも、レーガンとアメリカ軍の力が大きかった。もちろん、反共産主義の砦とするため、マルコス独裁をアメリカがそれまで支えていたことも忘れてはならないが、いずれにせよ自国の国益を守れる政治体制を存続させるために、アメリカはきちんと「ケンカ」をしていたのだ。

さらに言えば、水面下でＣＩＡをはじめとする諜報機関が動き、積極的に他国の政府を転覆させるケースまであった。

イランで１９５３年に首相のモサデクが逮捕された事件は、現在ではＣＩＡの関与が明らかになっている。民衆に武器とカネを与え、クーデターを支援したのだ。モサデクは、当時イギリスが握っていたイランの石油利権を自国の手に取り戻そうとしていた。パーレビ国王は追い出されイタリアに亡命。しかしアメリカがそこへ割って入り、イギリスを助けるためにモサデク政権を転覆させ、パーレビを帰国させ再び王の座に就かせた。アメリカはイランの石油利権もイギリスに返したが、当時のアメリカにはそれだけの余裕があったのだ。アメリカにしてみればパーレビのカム・バックを実現させるだけで十分だったのである。

こうした行為そのものの是非はひとまず措くとして、アメリカは自国に不利益がもたらされそうになれば、きちんと「ケンカ」に踏み込む国家だった。曲がりなりにもそれによって秩序と安定がもたらされたケースも多くあった。

そうしたアメリカ外交の現代史と、2011年の一連のアラブ政変へのオバマの対応を比べれば、アメリカの「ケンカ」をする力が低下したことは明らかだ。

エジプトでの反政府デモについて、オバマは当初、独裁者のムバラクを擁護するような発言をしていたが、その後にムバラクに勇退を促して民主化を支持するように軌道修正。ところが、オバマが特使として派遣したフランク・ワイズナー（元駐エジプト米大使）がまた「ムバラク氏は職に留まるべき」と言い出して混乱した。

口先だけの男は、非常事態には全く指導力を発揮できなかった。

オバマは愚かにも2009年のカイロ大学での演説で「かつて民主的に選出されたイラン政権をアメリカが転覆させた」と公言してしまったため、水面下でCIAによる工作を積極的に進める類の「ケンカ」にも踏み込めなかった。そして、こうして指をくわえて「アラブの冬」の到来を見ていたことが、自国の安全を脅かすことにつながっていく。

ケンカ音痴の口癖は「刺激したくない」

オバマは批判を恐れてアラブ諸国の政変に影響力を及ぼすことを放棄した。それまでのアメリカの指導者がリスクを取ってやってきた「ケンカ」に踏み込まなかった。その結果、春は来ずにイスラム原理主義の台頭を招いた。中東・北アフリカのイスラム圏では反米を掲げたデモや暴動が頻発するようになった。

そしてついに２０１２年9月11日、リビアのベンガジにあるアメリカ領事館がテロリストに襲われ、クリストファー・スティーブンス駐リビア米大使が殺害されるという大事件が発生したのである。２０００人の暴徒が領事館を取り囲み、自動小銃やＲＰＧ（ロケット弾発射機）で武装した集団が敷地内に侵入すると、リビア人警備員たちは蜘蛛の子を散らすように逃げ出した。結果、好き放題に放火や略奪が行なわれた。２０１１年の政変で独裁者・カダフィが打倒されたリビアでは、民衆がいまだに武器を手放さない。アメリカなど大国の後ろ盾なしで誕生した暫定政府には治安維持能力がないため、こうした事件が発生してしまう。公務中のアメリカ大使が殺害されるのは１９７９年のアフガニスタン以来で、冷戦崩壊後では初めてのことだった。

もちろん領事館の敷地は治外法権であるから、侵入は領土侵犯と同義であり、アメリカ政府の「全権大使」を殺害することは宣戦布告に等しい行為だ。

しかし、この大事件を受けてなおオバマは機敏な反応を見せなかった。リビア沖に駆逐艦をたった2隻派遣しただけ。強硬姿勢を見せることで現地の反米感情がさらに高まることを恐れたのだ。

ここまでされてなお「相手を刺激したくない」という発想なのである。

「9月11日」という犯行の日付を見てもわかるように、領事館襲撃事件は明らかに国際テロ組織・アルカイーダの犯行だ。国家の総力をあげてテロリストに毅然と立ち向かう姿勢を示さずに、どのように国益を守るつもりなのだろうか。それどころか、国内向けにはこれがテロリストの犯行であることをなかなか認めず、アメリカ国民までも騙し続けたのである。

こうした流れで見ていくと、ベンガジの領事館襲撃事件を招いたオバマの失政は、日本政府の中国や韓国への対応とそっくりであることがわかるだろう。どちらも目先のリスクを避けて「相手を刺激しないこと」ばかり気にする。そうやって必要な「ケンカ」を避けてしまうことで、結果としてより大きなリスクを目の前に突き付けられ、甚大な損害を被るのである。

いずれにせよアメリカはこれから4年間、オバマという「ケンカ」のできない男がリーダーであり続ける。それはアメリカが中国の覇権主義に歯止めをかけられなくなることを意味するのだから、日本にとっては深刻な事態だ。とても「尖閣は日米安保の適用範囲」などと喜んでいるような状況ではない。

近年、中国が誰の顔色も気にせずに軍事費を増大させ、海洋覇権を握るべく周辺諸国の領海に侵入していることは、アメリカの退潮と無関係ではない。日本はいよいよ猛獣がすぐ側にいるジャングルの中で、自分の力で生き残る術を探らなくてはならなくなってきた。〝ケンカ音痴〟を卒業しなければならない。

ならず者国家である中国は「ケンカ」を厭《いと》わない。闇雲に諍《いさか》いを起こそうとするのは真の「ケンカ国家」ではないので、もちろん日本が目指すべき国家像ではないが、相手にするとなるとそれなりに厄介である。官製デモを組織して日本企業の商店や工場を襲わせたり、現地で働く日本人ビジネスマンに難癖をつけて逮捕したりといった工作さえ仕掛けてくる。

中国で反日デモが起きても、大多数の日本人は東京の中国大使館の前で同じことをしようとは考えない。それはそれで素晴らしいことだ。一党独裁の中国と未熟ながらも民主主義国家の日本は全く違う。大人の品格ある国家として対応すればいい。日本人はスポーツの試合でも相手国の国歌斉唱の際にブーイングなどしない。相手を尊重し、自国に誇りを持つ。その姿勢はもちろん失ってはならない。

ただし一方で、相手が一線を越えたらいつでも「ケンカ」ができる姿勢を見せなければならない。中国の品格なきデモや韓国の反日ヒステリーは二流国の証だが、「日本が反撃しない」とわかっているからエスカレートしている側面があることを認識してもらいたい。これまで頼ってきたアメリカが急速に〝ケンカ音痴〟になっているからこそ、政府と国民の一人ひとりがメンタル・スウィッチすることが急務となるのだ。

本当は恐れられている日本人

中国や韓国の国民から日本が甘く見られ、相手が図に乗っているという状況は、実はチャンスでもある。

油断しているところへの一撃ほど効果的なパンチはない。相手をなめてかかることは「ケンカ」で最も多い敗因の一つだ。このあたりで日本がメンタル・スウィッチし、反撃に転じることができれば周辺諸国の日本に対するスタンスは大きく変わるだろう。好き放題に領土や領海に手を伸ばすこともできなくなる。

私の得ている情報では、周辺諸国の政府高官レヴェルでは、日本のそうした豹変がいつ起きるのか、警戒しながら見守っているようだ。私は北京やソウルを訪れて中韓の政治家たちと話す時にはよく「あなた方、あまり日本のことを責めないほうがいい。日本人を本気で怒らせると大変なことになりますよ」と伝えている。脅しているのではなく本気でそう思っているのだが、興味深いのは、私がそういう言い方をすると必ず彼らは「どうしてだ？　どんなことが起きるんだ？」と血相を変えて問い掛けてくる。彼ら自身がそういう危機感、恐怖感を普段から持っている証拠である。

もちろん私としては最初から彼らの反応をチェックするつもりもあるわけだが、このリアクションを見る度に、日本に対する「恐れ」をはっきり感じる。

アジアの中でいち早く近代化を果たし、第二次大戦では一時的にせよ広大なエリアを勢力下に収め、敗戦後も急速な経済発展を果たして先進国の仲間入りした日本人のポテンシャルは、近隣諸国にとって今も大きな脅威なのだ。反日教育で憎悪をことさら掻き立てるのも、日本を恐れる気持ちの裏返しだと見ればわかりやすい。

例えば、一人あたりＧＤＰ（国内総生産）を見ても、韓国はいまだ日本の半分、中国にいたっては日本の12％にすぎない。彼らは「もはや日本など大した存在ではない」という感情がある一方で、表には出さないが、まだ日本に追いつけていないとも認識している。

ノーベル賞へのこだわりを見てもそれはわかる。日本ではこれまで19人がノーベル賞を受賞しており、これはアジアでは断トツで最多。中国は平和賞（劉暁波、２０１０年）と文学賞（莫言、2012年）が一度ずつあるだけ。韓国にいたっては金大中が2000年に平和賞を受賞したのみだ。まあノーベル平和賞というのは意味のある賞とはとても言えない。PLO（パレスチナ解放機構）議長だったヤセル・アラファトというテロリストの親玉のような人物や、出口の見えない経済危機に陥って多くの人間の生活と生命を脅かすEUが受賞している。オバマも国際社会に平和や秩序をもたらしたということではなく、演説で「核廃絶」を訴えたことが受賞理由だった。口先で平和を語るだけでいいならそれほど楽な仕事はない。だからこの平和賞だけは世界でもリスペクトされていない。日本も佐藤栄作が受賞しているから、これを差し引いて考えてもいいが、中国や韓国でさえ平和賞に意味などないと感じているからこそ、日本の実績を羨むのだろう。両国ともになんとか科学部門でのノーベル賞受賞者を生み出そうと研究者養成に躍起となっている。韓国では政府や国民からノーベル賞受賞を強く期待され、研究結果を捏造した学者までいた。このあたりにも日本へのコンプレックスが感じられる。

「ケンカ」をするためには、相手の心理を読むことも大切だ。一方では日本の国力低下を嘲るような言を弄して、国際社会における日本の影響力が昔ほどではないなどと言いつつ、他方では日本の潜在能力を恐れて今でも「日本に追いつけ、追い越せ」と必死にもがいている。そんな彼らのアンビヴァレントな心情を理解しておく必要があるだろう。

偽の平和は続かない

相手の心情や動きを見定めた上で素早く対応することが「ケンカ国家」の条件だが、日本はスピーディに事態に対応することが苦手だ。

象徴が「憲法」ではないだろうか。

１９４６年に公布され、それ以来一度も改正されていない。占領下でアメリカによって定められた憲法が独立国となって以降も60年以上変わらないままというのはただただ異常である。

第二次大戦が終わり、世界が戦争で疲れ切っていた時に掲げる理想としては、あのような憲法もよかったかもしれない。しかし、時代は変わった。再び激動の時代に突入している時に、戦争が終わった直後の理想にしがみつくことに何の意味があるのか。世界と日本のギャップを示す象徴的な例だと思う。

しかも、あまりにも現実離れしている。憲法前文に目を通すだけで酷すぎる時代錯誤に思わず大笑いしてしまう。〈日本国民は、恒久の平和を念願し、人間相互の関係を支配する崇高な理想を深く自覚するのであつて、平和を愛する諸国民の公正と信義に信頼して、われらの安全と生存を保持しようと決意した〉――平和を愛する諸国民の公正と信義とやらには北朝鮮のミサイル実験も入るのだろうか。中国の尖閣奪取〝妄想〟は？　イランの核開発は？　アラブの〝冬〟は？

おとぎ話をもう少し進めてみよう。〈われらは、平和を維持し、専制と隷従、圧迫と偏狭を地上から永遠に除去しようと努めてゐる国際社会において、名誉ある地位を占めたいと思ふ。われらは、全世界の国民が、ひとしく恐怖と欠乏から免かれ、平和のうちに生存する権利を有することを確認する〉ともある。現実に起きていることはまさにこれらの言葉と正反対なのである。中東やアフリカにはムガベやバシール、アサドのような独裁者がまだまだいるが、彼らを止める努力はなされてもいない。ジェノサイド（大量虐殺）、人身売買、麻薬取引などは野放図に繰り返され、ヨーロッパ、ロシア、アメリカなどは武器輸出に忙しい。

この他にも美辞麗句が続くが、政治道徳の普遍性や自国の主権維持などの言葉に至っては単なる言葉遊びにすぎない。今の日本は主権を侵され、拉致された人々を満足に取り返すこともできない。そして今また韓国やロシアに主権を侵され、中国にも侵されようとしている。

結局この前文は大学を出たばかりのアメリカ人青年たちとＧＨＱ（連合国軍最高司令官総司令部）の事務員たちが書いたものだ。だから無責任な理想主義が丸出しなのだ（各パラグラフに必ず主語が入っていて硬い日本語になっているのは直訳そのものだからだ）。

私の尊敬する数少ない日本人の一人に白洲次郎氏がいる。戦争が終わった1945年の暮れ、周囲からの勧めで終戦連絡中央事務局（＊1）の参与となった。ケンブリッジ大学を卒業し、綺麗な教養ある英語を話し、頭も切れるから目を付けられていたのだろう。その後彼は貿易庁長官や東北電力会長などとなったが、1950年には首相・吉田茂の特使としてアメリカを訪問。その後もいくつかの企業の社長や会長として迎えられた。

終戦連絡中央事務局参与という役柄の彼はしょっちゅうGHQに通って占領軍将校たちと憲法や日本経済などについて話し合っていた。後にまとまって一冊の本となるのだが、そのタイトルは『プリンシプルのない日本』（新潮文庫）。その中で彼は憲法がどのようなプロセスでき上がったのかの真実を述べている。

今日の日本が置かれた状況と憲法が全く噛み合わず大きな矛盾にぶつかっているのは当然のことだと白洲氏は言い切る。

〈この憲法を平和憲法だなんていってありがたがっている御連中は、おそらくこの憲法の出生由来を知らないのではないだろうか。占領中こういう政治問題を取り扱うGHQのある部

＊1…終戦連絡中央事務局　終戦に伴いGHQとの折衝を担当する機関として1945年8月26日に設置された政府機関。GHQがその占領政策を実施するための指示を行なう際に、日本政府側の窓口となった。

局の幹部の一人は、この憲法草案が如何にして出来たかということを自慢たっぷりに話す程不謹慎であった。又その部局のオエラ方の夫人は、当時休暇で日本にいた大学在学中の惣領息子が草案の一章か一項を書いたんだと親馬鹿流に広言していたということをＧＨＱの高官の一人が、なげかわしげに私に話したのをおぼえている〉

白洲氏は頻繁にＧＨＱに通っていたのでそこで働くアメリカ人の多くをよく知っていた。前述したように彼の知性と教養は抜きん出ていた。言いたいことはズバズバ言う。しかも高度に洗練されたクィーンズ・イングリッシュ。彼をけむたがるアメリカ人幹部がいたのも当然のことだ。白洲氏の言によるとあまり優秀な人材はいなかったようだ。

〈大体ＧＨＱにやってきた大部分の人々は、自分の国で行政の行位やった経験のある人はいたかも知れぬが会ったことはなかった。無経験で若気の至りとでも言う様な、幼稚な理想論を丸呑みにして実行に移していった。憲法にしろ色々の法規は、米国でさえ成立不可能な様なものをどしどし成立させ益々得意を増していった。一寸夢遊病者の様なもので正気かどうかも見当もつかなかったし、善意か悪意かの判断なんてもっての外で、ただはじめて化学の実験をした子供が、試験管に色々の薬品を入れて面白がっていたと思えばまあ大した間違いはなかろう〉

行政についての知識もあまりなく、政治学を学んだこともなく、憲法の歴史も知らない事務員や日本に休暇で来ていたアルバイト学生などが日本の憲法を書いたというのだから呆れる。これだけの屈辱的な扱いを受けた敗戦国はまずあるまい。マッカーサーが日本人を子供と言ったが、まさにその言葉を彼は実践したのだ。

それなのに今でもその憲法を金科玉条のごとく扱い、それにしがみつき世界に向かって日本国憲法に誇りを持っていると発信する輩が多い。彼らは恥を恥とも思わない売国奴と言っても過言ではなかろう。

言ってみれば日本国憲法は当時のアメリカの世界に対するプロパガンダであり一つの実験だった。9条にあるように、軍隊も持たせない、交戦権も許さない憲法。その憲法に対して世界はどう反応するか。しかしマッカーサー自身そのようなでっちあげられた憲法を日本人が後生大事に守っていくとは思わなかったはずだ。講和条約が結ばれれば日本は独自の憲法を作るだろうと当然のことながら考えていただろう。

1951年9月、サンフランシスコにおいて講和条約が締結され、同時に日米安保条約が調印された。翌1952年4月両条約は発効され、日本は正式に独立国家となる。独立国家となれば自分たちで考え、自分たちの憲法を作るのは当たり前のこと。しかしそのような動きはなかった。既に朝鮮戦争の最中であり、フランスはインドシナ戦争で敗戦直前の状態。その上アメリカCIAはフランスに取って代わるべくベトナムに入り込んでいた。ソ連発の国際共産主義はヨーロッパにその影響力を拡大していた。世界は乱世に逆戻りしていたのだ。この状況を見て平和維持を第一とする日本の憲法はおかしいと日本の政治家や知識人は考えなかったのか。何人かはこれからの世界はもっと複雑になり、紛争や戦争は増え続け、日本の憲法が言う〝平和を愛する諸国民の公正と信義〟など夢のまた夢と考えたかもしれない。しかし、日米安保がある限り大丈夫と高をくくってしまったのだろう。かくして日本は、日本人の日本人による日本人のための憲法を作るチャンスを失った。その後はあらゆる内閣がこの問題を先延ばしにした。安保至上主義と複雑な問題は先延ばしという姿勢は今でも変わっていない。こういう姿勢でいる限り日本はアグレッスィヴな外交や交渉、すなわちケンカなどできるわけがないのだ。

日本の常識は世界の非常識であることが少なくない。同じ敗戦国であるドイツでは、既に58回も憲法（基本法）改正が行なわれている。スイスのように140回以上改正している国もある。世界はそうやって時代の変化に応じてダイナミックに国を動かしているのに、なぜ日本人は自分で作ったわけでもない憲法を後生大事に守ろうとするのか。

変化を嫌い、「ケンカ」を好まない日本人にとっては、押し付けられた平和を謳う憲法を維持するのが心地よいのかもしれないが、それは平和の意味をはき違えているだけだ。

例えばスイスは、永世中立国であり国際機関の本部が数多くある。そのことから「平和の国」というイメージが日本では強いようだが、実際はその対極にある国だと言ったほうがより現実に近い。スイスは国民皆兵制で戦争への備えを常に欠かさない国家であり、近隣のヨーロッパ諸国もそう認識している。

3年ほど前のことになるが、スイスのローザンヌを訪れた時、美しい街並みを眺めていたら、地元の案内役が連なる山々を指さして「あそこに何があると思いますか」と話しかけてきた。そして、「あの後ろにはミサイルが隠されているのです」と得意げに教えてくれた。その時はミサイルの実物を確認することまではできなかったが、いつ何時、不測の事態が起きても対応できる心構えがあるのは間違いない。各戸で戦争に備えたシェルターや備蓄品を持っていることもよく知られている。

第二次大戦中、ナチス・ドイツのヒットラーはスイスを占領することができなかった。スイス政府が徹底抗戦の声明を発表したことで、防御に適した山岳地帯のゲリラ戦へ突入することを恐れたヒットラーが躊躇《ちゅうちょ》したからだとされる。

現在でも予備役となる壮年男性は国家から銃を支給され、普段は自宅で保管している。銃社会が良いと主張するつもりはないが、国民一人ひとりが有事を身近に感じ、戦いに向けた覚悟を持っていることは羨ましい限りだ。「ケンカ」の準備を怠らない国家とはそういうものであり、だからスイスは同盟国を持たないながら平和を維持してこられたのである。

私には信じられないが、日本には「永世中立国であるスイスには軍隊がない」などと勘違いしている人たちまでいると聞くが、実態は正反対である。強力な軍隊を持ち、しかも戦争の準備をおろそかにしないからこそ、「中立」を維持できる。丸腰で口先だけの平和を唱える国が独立を保てるわけがない。

ヨーロッパでは何世紀にもわたって戦争が続き、数え切れないほどの人命が奪われた。多くの人々の故郷も失われてきた。スイスもそうした歴史に学んでいる。だからこそ、戦乱に巻き込まれない「中立」を維持するために、強力な武力が要るとわかっているのだ。

「平和を欲さば戦に備えよ」——これはローマ時代からある格言だが、けだし至言である。「ケンカ=戦争」ではない。本当に国家がすべき「ケンカ」とは、相手国と軋轢を恐れずに向き合いながらも、ギリギリのところで戦争を避け、国益と国民の安全の両方を守っていくことだ。それができる「ケンカ国家」となるためには、常に戦争の準備をしなければならないし、諜報機関が常にアンテナを張らなければならない。

残念なことに、人類の歴史は戦争の歴史であった。それはローマ時代から変わらぬ真実だ。世界から戦争がなくなったことは一瞬たりともなく、常に弱肉強食のジャングルだった。

広大な領域を支配したローマ帝国はなぜ滅びたか。原因は様々あるが、一つ挙げられるのは「自分たちの国は自分たちで守る」という考え方を捨て去ったことだろう。平和な世の中に慣れきってしまい、国を守るという重要な仕事を異民族・ゲルマン人の傭兵に任せるようになった。つまり「ケンカ」を〝外注〟したのだ。結果、国家の衰退は止まらず、領土も異民族から侵食されるようになった。476年に西ローマ帝国は滅亡するが、この時に反乱を起こしたのはゲルマン人の傭兵隊長・オドアケルだった。「ケンカ」を他人任せにすることの代償はかくも大きいことを歴史は教えてくれる。

「ケンカはよくない」とただただ言い続けることや、「ケンカはアメリカに任せておけばいい」と主張することがいかに愚かであるか、おわかりいただけただろうか。では、日本はどのように〝ケンカ音痴〟を卒業し、「ケンカ国家」を作り上げていけばよいのか。それを次章で述べていきたい。

ケンカ国家論

第2章

「情報」は最高の武器

「ケンカ」には武器がいる。

というと、国家レヴェルでは防衛予算の拡大、軍備増強、核武装などといったことを連想するかもしれない。しかし、既に前章で触れたように、国家を守る「ケンカ」のための最大かつ必要不可欠な武器は「情報」である。いくら強力な軍隊を持っていても、優秀な外交官がいたとしても、相手の正確な情報を取ってくる諜報機関＝インテリジェンス機関がなければ、その力は半減する。さらに言えば、武力を用いずに国家・国益を守る道を探るという高度な外交を遂行するには、なおさら情報が必要不可欠になる。

諜報機関は国家のアンテナである。どんなハイテク通信機器もアンテナがなければ用をなさないように、国家もアンテナたる諜報機関なしでは、どんなに高性能なメカニズムや集積回路があっても無用の長物になってしまう。日本が手にすべき武器がどのようなものか、この章でじっくり述べていく。

ＣＩＡに頼るのは危険だ

国土が狭く、資源もない日本が世界と戦うポテンシャルとは何だろうか。

答えは一つ。「人材」である。有能で勤勉な人材をフルに活かすことしか、日本が生き残る道はない。

自民党が政権の座に復帰し、憲法を改正して国防軍を創設するという話が持ち上がってきた。しかし、野党時代に真摯に反省したとはとても思えない彼らには、憲法改正アレルギーの日本人を説得し、時代遅れで実態とかけ離れた憲法９条を改正する仕事は荷が重かろう。ならばまずやるべきは諜報機関の創設である。私が30年以上前から提言していることだ。諜報機関の創設には憲法の改正も必要ない。国家を守るために必要な「決断」をリーダーがすれば組織を作ることは今日にも可能だ。

２０１３年1月16日、アルジェリアのイナメナスにあるガス田にテロリストによる襲撃があった。外国人犠牲者は37人。うち10人が日本人技術者であった。北アフリカはアラブの〝冬〟以来動乱が絶えない。そして２０１２年はアルジェリアの南にあるマリ共和国で内戦が勃発。イスラム・マグレブ諸国のアルカイーダ（ＡＱＩＭ）が北部マリを事実上支配するに至った。そこにフランスが介入して空爆を開始。

本来なら、この時点で技術者たちを送り込んだ企業はできる限りの情報を集めてマリでの内戦が周囲の国に与える影響を分析し、必要な措置を取るべきだった。テロリストたちの収入源は麻薬、武器、要人暗殺コントラクト、人質を取ってカネを取ることなどは衆人が承知の事実だった。砂漠の中にあるイナメナスがターゲットとなることは十分に考えられたはずである。そしていざという時に備えていくつかのオプション・プランを作る。人命が大切と言うなら企業としてそれくらいのことはできたはずだ。しかし今回の結末を見る限り、そのようなことがなされたとは思えない。本来なら情報機関が自国の企業にアドヴァイスするのだが、日本にはそれがない。かと言って現在の外務省が情報機関に取って代われるはずはない。

今回、アルジェリア軍が取った行動を日本の首相である安倍は批判した。アルジェリア首相のセラルに「人命第一」「人質の命を危険に晒すな」と繰り返した。しかしテロ勃発の翌日、アルジェリア軍の特殊部隊は逃げたテロリスト一人を除いて全員を殺した。人質の命よりもテロリストを除去することを第一と考えたのだ。

安倍は怒ってセラルに電話したが、あれが我々のやり方だと返された。

キャメロン首相からの2回目の電話で安倍はまだ憤懣やるかたないといった調子だったよ

うだが、キャメロンは「アルジェリアをあまり批判しないほうがいい」となだめたという。スピードとアクション、そしてテロリストとは決してネゴ（交渉）はしない。それが今の世界の趨勢と暗に示したのだろう。それをバックアップするように今回、アルジェリア政府の対応を世界各国は肯定的に評価している。

もしアルジェリア政府が安倍の言う通りにしていたらどうなっただろうか？　まずテロリストは既に出した条件を繰り返す（アルジェリアの刑務所に入れられているイスラミスト＝テロリスト100人を解き放つ）。アルジェリア政府は会議で決めるので時間が必要と答える。テロ側は時間制限を設ける。政府側は犯罪者100人ではなく人質と同じ数ならOKと伝える。そんな条件は受け入れないとテロリストが拒否し、条件を変える。人質1人当たりに100万ドルと逃走用ヘリコプター2機。このような対話が数時間か数日続き、人質が殺されはじめる。最後には政府がカネを払い、テロリストの条件を全部受け入れて一件落着。かつての日本政府の赤軍派テロリストへの対応を思い出さないだろうか。そう、かのダッカ事件である。あの時はテロリストとの交渉に時間がかかり、解決までに事件勃発から5日かかった。そして日本政府はテロリストの要求を100％受け入れた。

6名の犯罪者を刑務所から釈放して身代金600万ドル（当時の額で約16億円）。そして出国の為に必要なパスポートも発行した。典型的な超法規措置であり、情けない限りだ。テロリストの要求に屈するということは彼らをのさばらせ、さらに大きなテロを引き起こす。この意味において実は「人命優先」とは逆の対応になってしまうのだ。

しかも、現在の対テロ対応では人命優先は通用しない。2001年の9・11以来、世界は激変した。テロリストは命を懸けている。ならば彼らを迎え撃つ側も命がけで応じなければならない。今回の事件で世界がアルジェリアを非難しなかったのは、あの対応がテロに対するベスト・アンサーと理解していたからだ。

今回の悲劇で日本人には世界の現実を肌で感じてほしい。

優秀な企業戦士たちを失った哀しみは簡単には消えない。しかし悲しんでばかりいても彼らは浮かばれない。彼らの死を無駄にしないためにも、我々は世界の現実を直視し、日本人の大部分が未だ抱く精神的鎖国を打ち破らねばならない。

今回の事件で最も惨めに感じたのは、日本政府がアメリカ、フランス、イギリスなどに情報を求めたことだ。世界第3位の経済大国が肝心な情報がゼロで他国に頼らなければならない。なぜか？　日本にはグローバルな諜報機関がないからだ。フィジーやブルキナファソさえ情報機関を持っているのに、それが日本にはない。生き残るためのアンテナがないのだ。

情報を制する者は世界を制すると言われるが、政治、経済、外交等どの分野を取っても情報なしでは立ち行かない。アンテナなしではすべてがボケてはっきりと見えない。政治家は恥ずかしいと思わないのだろうか。

今回の事件をきっかけに日本版ＮＳＣ（国家安全保障会議）を創設しようという話が再浮上している。こんな馬鹿げた話はない。情報がなくて一体何をしようというのか。アメリカのＮＳＣは16の情報機関に世界中の情報を集めさせている。情報なしでＮＳＣは機能しないからだ。ＮＳＣは大統領の直属機関で、その会議には必ずＮＩＣ（国家情報会議）やＣＩＡ長官が出席する。彼らなしでは会議が開けないからだ。日本は情報機関を持たずしてＮＳＣ創設の話をしている。上辺だけアメリカの真似をすればいいというものではない。国家の存亡にかかわることなのだ。仏作って魂入れずという考え方は勘弁してほしい。内閣情報調査室や公安では、世界の情勢を分析できるとは思えないし、だいいち情報の収集さえできないだろう。

同盟国であるアメリカのＣＩＡから必要な情報は教えてもらえばいいと考えるのは、それこそ情報音痴で無知な日本人の象徴であり、とても危険な発想だ。ＣＩＡは他の国の機関同様、自国に都合のよい情報しか伝えてはくれないし、そもそもＣＩＡの情報収集能力そのものが近年怪しくなってきた。

２０１２年12月12日に、北朝鮮が長距離弾道ミサイルの発射実験を強行した。直前に、「ミサイルは発射台から撤去された」と一斉に報じられたことを覚えているだろうか。北朝鮮政府は「制御エンジン系統に技術的欠陥が見つかった」と発表していた。予告発射期間も延長されたため、実験は先延ばしになったものと、日本だけでなくアメリカや韓国も信じた。ところがその翌日にいきなりミサイルは打ち上げられた。これが実験でなかったらと考えると恐ろしい。

アメリカさえもこの稚拙なディスインフォメーションに引っ掛かってしまったのである。実はこれはアメリカの諜報能力低下を示す象徴的な出来事だった。失敗の原因は人工衛星から送られてくる画像に頼りすぎたことだ。衛星画像で発射場は徹底的に監視され、ミサイルを運ぶトレーラーの動きなどから「撤去」「延期」という結論が導き出された。だが、北朝鮮は「技術的欠陥が……」などと言いながら、発射台を巨大なカヴァーで覆って準備を進めていたのだ。衛星で監視されない態勢を作った上で突然の打ち上げを敢行。見事にアメリカを欺き、アメリカを信用していた日本も騙されたというわけだ。米国内の専門家からも、この間の経緯について「CIAの失敗」だと非難する声が出ている。

近年のCIAは衛星情報をはじめとする電子情報にばかり頼って、ヒューミント（人的諜報、Human Intelligence）の力が衰えてきた。もちろん技術の進歩は著しく、それを最大限に活かすことも諜報活動には大切だが、北朝鮮にあっさりと裏をかかれたことを見ても、インテリジェンス活動の基本は人間（エージェント）が正確な情報を直接取ってくることだ

1981年にレーガン政権のCIA長官となったウィリアム・ケーシーと著者。第二次大戦中からCIAの前身であるOSSで数多くの工作に携わったケーシーが長官だった頃と比べると、CIAの諜報力の衰えは著しい。下はCIA本部（The Agency、The Company、Langleyなどとも呼ばれる）。

とよくわかる。

日本で諜報機関を作る場合も重要なのは「人材」であると肝に銘じなければならない。アメリカのヒューミントの力が落ちている今だからこそ、日本がそうした組織を作ることができれば、同盟国からも重宝されることは間違いない。

第1章では、実際にCIAから頼りにされる諜報機関としてイスラエルのモサドを紹介した。モサドの強みは、まさに卓越したヒューミントの力にある。

1981年にイラクのオシラク原子炉をイスラエル空軍が爆撃した際には、その力を世界に見せつけた。

産油国であるイラクが原子炉を作るというのだから、核武装へのステップに他ならない。イスラエルとしては是が非でも阻止しなければならなかった。しかし、空爆するとなれば、国際社会はもちろんのことアメリカも賛成しない。だからこそ失敗は許されず、最小限のアクションで正確にミッションを遂行する必要があった。

同年6月7日。イスラエルの空軍基地から飛び立ったF-15とF-16は、原子炉に投下したすべての爆弾を見事命中させ、全機がほぼ無傷で基地へと戻ってきた。作戦に先立って収集されたモサドのエージェントたちの正確な情報があったからこそ、対空砲撃を受けない飛行経路を取って敵国深くまで侵入し、ピンポイントで攻撃できたのだ。エージェントはフランス人技術者になりすまし、原子炉の中心部に爆弾の誘導装置を取り付けていたという情報もある。もちろん、その全貌が明らかになることは未来永劫ないだろうが、よほど緻密で正確な計画があったことは想像に難くない。

イスラエルの軍隊は戦争に強い。兵士たちの士気は高く、賢いし勇敢だ。しかし、その軍隊もモサドというアンテナがなければどこに向かえばいいのかわからなくなる。人口わずか800万人弱の同国には、戦力の無駄遣いは許されない。なおさら情報が国の死活を決する問題となるのだ。

オシラク原子炉空爆は湾岸戦争の10年前、イラク戦争の20年以上前の話だ。もしイスラエルがこの時にイラクの原子炉を叩いていなければ、サダム・フセインは核爆弾を手にしていたかもしれない。そうであったならアメリカは戦争に踏み切れただろうか？　なかなか面白い歴史の「ＩＦ」である。アメリカはイラクが大量破壊兵器を保有していると主張してイラク戦争を始めたが、むしろイスラエルの諜報能力をよく知るホワイトハウスは、その可能性が低いとわかっていたからこそ開戦に踏み切れたと私は考えている。イラク戦争の是非はさておき、一連の経緯を通観すれば、アメリカがイスラエルを徹底的に擁護し続ける意味が見えてくる。

イスラエル元首相のアリエル・シャロンはかつて私のインタビューに、「アメリカは友好国だが同盟国ではない」と語った。「アメリカと同盟を組んで一緒に戦えば、それによって制約ができて我が軍が敗れるかもしれないからだ」と言い切ったのだ。自国の戦力とそれを支える世界一のインテリジェンス機関への自信を示す言葉であり、「ケンカ」のできるリーダーの言葉だった。

ヒューミントこそ国を守る最前線

2012年1月のことだった。イランの首都・テヘランで32歳の核開発に携わる科学者（大学教授）が、勤務先の研究機関に向かう途中で殺害された。この時の手口は、科学者の乗ったプジョーにフルフェイスのヘルメットを被った男2人の乗ったバイクがすっと近づき、マグネット付きの小型爆弾を設置して走り去る――というものだった。

白昼の暗殺劇は、動機と手口からしてモサドのイラン人エージェントによるものだったと考えていい。

ターゲットをピンポイントで捕捉し、直接関係ない者たちへ被害を広げない。原子炉への空爆でも核科学者の暗殺でも同じなのだが、モサドのポリシーが特徴的に出ているやり方だ。優れたエージェントがもたらす正確な情報があるからこそ、可能な手法とも言えるだろう。

インテリジェンス機関は決して表に出て主役になることはないが、国の根幹を支える存在である。「モサドは国家防衛の最前線だ」とはモサド創設を実現したイスラエル初代首相のデヴィッド・ベングリオンの言葉であり、ヒューミントに従事するエージェントたちは国の運命を左右する最前線の兵士なのだと称えたものだ。

イスラエルは周囲を敵対するイスラム国家に囲まれている。そのうちの一国でも核兵器を保有することを許さない。1981年のイラク空爆もそうだったし、2007年の9月、シリアが北朝鮮とイランの援助で建てつつあった核施設を爆撃して完全に破壊したのもそうだった。近年のイランに対する圧力も同じだ。なぜならば、どこかが核を持てば、中東で核保有の「連鎖」が起こるとわかっているからだ。一言でイスラム国家と言っても、イランはシーア派、サウジアラビアはスンニ派（ワッハーブ派）といった具合に宗派が大きく異なり、それぞれの派の対立の歴史は1400年に及ぶ。シーア派国家のイランが核兵器を持てば、それに対抗してスンニ派国家のサウジアラビアやエジプトも核保有に動く。その流れが起きれば、イスラエルの周囲は核保有国だらけになってしまうだろう。

イスラエル自身は核を保有している。正確に言えば、核保有については「肯定も否定もしない」というスタンスだが、彼らが核を持っていることは公然の秘密だ。核を持つ国と持たざる国の間には埋めがたい立場の違いがある。「ケンカ」の強い国はその優位性を決して手放そうとはしない。そしてここまでに挙げた例からもわかるように、そのパワーバランスを保つためには優秀な諜報機関とエージェントが必要なのである。核兵器は簡単に使える兵器ではないが、諜報機関のエージェントたちは常にフル稼働し、国益に貢献している。

日本に核武装せよと言っているのではない（核武装の議論すら許さない日本の空気には辟易しているが）。国家が生き残るためには、周辺国がどういうロジックで動くかを探り、知らなければならないということだ。尖閣諸島、竹島、北方領土を巡る問題とて、たまたま時を同じくして起こったわけではない。日本の甘さと衰えを見透かされたから「連鎖」は起きた。イスラエルは諜報機関を活用して、周辺国の核保有ドミノという「連鎖」を防いできた。そこにこそイスラエルが自立・自衛を実現して国際社会に存在感を示す一方、国力も人口も桁外れに大きい日本が同じようにできていない決定的な差がある。

日本は既に核保有国に囲まれる危機的な状況にあるが、優秀な諜報機関のエージェントを配置できれば、それは核を持つことにも匹敵する強力な武器となる。

2012年夏に日本の領土を巡って起きた事態について「尖閣ショック」などと呼ぶ知識人やメディアがあるが、これを「ショック」と表現するのは考えの浅い証拠である。情報が手元になく、本来であれば察知できたことを予測していないから「ショック」を受けるのだ。

実際、第1章で述べたように東日本大震災以降に兆候はたくさんあった。アンテナなき国家がそれを見逃し続け、やっておくべき外交努力を怠っただけである。無防備なところに先制パンチを食らって「ケンカ」に勝てるはずがない。考えてみれば、リーマン「ショック」、オイル「ショック」、あるいはニクソン「ショック」など、過去の「ショック」はすべて、正確な情報収集と分析があれば「ショック」を受けずに済んだ可能性がある。

日本は、イスラエルがやったように周囲の国に空爆を仕掛けたり暗殺者を差し向けたりすることはないだろう。しかし、イスラエルと同じように国土が狭く資源に恵まれない国家だ。物量で勝負しようとしても中国やロシアには勝てない。尖閣諸島周辺海域に1万隻の漁船群を送り込もうとするような国と数で競い合っても結果は目に見えている。

限られた資源で国を守る以上、無駄な「ケンカ」をすべきではない。

情報を駆使して限られた資源をピンポイントで投入し、少ないコストで最大の成果を挙げる――目指すべき「ケンカ」のスタイルはそこにある。

たった6日で終わった戦争

優秀な諜報機関とエージェントを揃えられれば、何万の軍隊にも勝る。

1967年の第3次中東戦争はそれを証明する戦いだった。エジプト、シリア、ヨルダン、イラク、サウジアラビアを相手にイスラエルは6月5日から10日までのたった6日間で戦闘を終わらせ、勝利を収めた。「6日戦争」と呼ばれる所以である。

イスラエルはエジプトとシリアに先制攻撃を仕掛けた。だが、勝負はその前に決していたと言っていい。モサドはシリア側にはエリ・コーエン、エジプト側にはウルフガング・ロッツというモサドの歴史の中で見ても飛び抜けて有能なエージェント2人を配し、相手の急所となる情報を握っていたのである。6日戦争は「ケンカ」には情報が必要であることを学ぶのにこの上なく適した教材である。

まずエジプト系ユダヤ人のコーエンだが、ビジネスマンとしてシリア国内に長期間にわたって潜入。ついには国防大臣に推挙されるほどの信用を勝ち得ていった。シリア社会や軍部の深くまで入り込んだ結果、膨大な情報を祖国に送ることができたのだ。コーエンからの情報で、イスラエル空軍はゴラン高原のどこに敵方の拠点があるかをすべて正確に把握することができた。ソ連の援助で作られた難攻不落の砦は、カムフラージュを簡単に見破られ、開戦した際にはピンポイント爆撃であっという間に破壊されていった。コーエンはシリア軍幹部に対し、隠された塹壕《ざんごう》の側にユーカリの木を植えることを提案していたとされる。兵士たちが暑さを凌ぐために木陰があったほうがいいというロジックだったが、そのユーカリが空爆の際の目印になったと言われている。

筆者のインタビューに応じるモサドの伝説的エージェントであるウルフガング・ロッツ。下はシリアに潜入した同じく伝説的なモサドのエージェントであるエリ・コーエン。

一方のウルフガング・ロッツはドイツ系ユダヤ人で、元ドイツ国防軍将校の馬の調教師というカヴァー（偽装）で妻と共にエジプトに入国。同じく政府や軍の幹部と関係を築いていった。毎晩のようにパーティを開いてはエジプト軍の将校たちを招き、大いに盛り上がっていた。そうした中で得た情報も、イスラエルにとっては大変な価値を持つものだった。例えば当時、エジプトの空軍基地に並んでいたミグ戦闘機の3機に1機は精巧なダミーであったことや、パイロットたちの朝食時間のスケジュールなどを把握し、本国へ報告していたとされる。当然のことながら、6日戦争の際にはイスラエル空軍はダミーを外して空爆することが可能となり、短時間で〝ムダ弾〟を使わない攻撃が敢行できたのである。

ちなみにコーエンとロッツは2人とも6日戦争の開戦前に、現地政府にスパイであることを見破られて逮捕された。しかし、その際にも自分が捕らわれたことを巧妙に本国に知らせ、被害の拡大を防いだ。優れたエージェントは失敗を最小限に留める能力も持ち合わせている。コーエンは無残にも絞首刑に処されたが、ロッツはその後釈放され、私のインタビューに答えて自分とコーエンが同じ時期に逮捕されたことについて「KGB（ソ連国家保安委員会）が情報をキャッチし、シリアとエジプトに教えた」という可能性を示唆した。

こうした生き馬の目を抜く戦いが世界で常時繰り広げられているのだ。「日本はイスラエルと違って地続きで敵対する国家と対峙しているわけではない。だから諜報機関が必要とは言えない」と言う者もいるが、現実を全くわかっていない。後述するが、現在の日本は〝スパイ天国〟だ。どこの国のエージェントがどんな機密情報を本国に送っているか、真相を知ればどんな能天気な日本人でも青ざめるに違いない。

また、冷戦時代の話になるが、ある国では国家元首の外遊には必ず2人の諜報機関の人間を同行させると聞いた。その一人は医者なのだという。もちろん聴診器をぶら下げて首脳に付き添っているわけがなく、きちんと秘書官などの仮の肩書きを与えて同行させる。相手国の指導者の顔色や話し方、動きなどを観察してその健康状態を見極めるのが狙いだ。トップの健康状態が把握できれば、「ケンカ」の上でこれほど強い武器もない。インテリジェンス機関が役に立つのは武力行使の際だけではない。むしろ武力を用いた戦争を避け、瀬戸際のところで国益を守るという静かな「ケンカ」の際に最も役立つものだ。続いてはそういった事例を紹介しよう。

平和のためにこそ「情報を使ったケンカ」が必要だ

日本人が学ぶべき歴史上の「ケンカ」として1962年に起きた人類滅亡の危機・キューバ危機を挙げたい。

ジョン・F・ケネディとその弟であるロバート・〝ボビー〟・ケネディという私が最も尊敬する政治家2人が世界を救ったこの出来事の裏側を追っていくと、平和のためにこそ「ケンカ」が必要であることや、その「ケンカ」のためにインテリジェンスが必要不可欠なものであることがよく理解できる。

それは1962年10月だった。

キューバ上空を飛んでいたアメリカ軍のU−2偵察機が、地上に配備されたソ連製の中距離ミサイルを確認したことから「世界が史上最も滅亡に近づいた13日間」は始まった。冷戦の真っ只中に、ソ連はアメリカの主要都市を射程に入れた核ミサイルをキューバに配備していたのだ。

当時のアメリカ大統領はジョン・F・ケネディ。ソ連首相はフルシチョフであった。アメリカはキューバの周辺海域を海上封鎖し、ソ連の武器輸送を行なう船に対する臨検態勢を敷いた。そんな中、ミサイルを積んだとされるソ連船が封鎖海域に迫る——その様子が刻々とテレビで中継され、核戦争勃発のカウントダウンが始まっていた。

私はちょうどアメリカに留学していたが、通っていた大学でも大変な騒ぎとなったものだった。水や食料、日用品を買い込んで自宅に引きこもろうとした者もいたし、女子学生たちは金切り声をあげて怯えていた（不謹慎な話だが、今振り返れば多くの男子学生があの2週間でずいぶんセックスできたものだ）。

さて、当時の政治状況を整理しておくが、まず知っておかなくてはならないのは、米ソ首脳であるケネディとフルシチョフが実は似た境遇にあったことだ。キューバのミサイルの存在が明らかになり、ケネディは軍部から「キューバを空爆すべし」と猛烈な圧力をかけられた（当時の空軍参謀長官は超タカ派として有名なカーティス・ルメイだった）。一方のフルシチョフも、共産党政治局内の激烈な権力闘争の渦中にあり、仮にアメリカに対して弱気を見せれば一気に地位が危うくなりかねない状況にあった。

つまり、逃げ道を塞がれた2人がぶつかり合っていたのだ。これは危険な状態である。もちろん、ケネディは核のボタンを押せば世界が滅亡する可能性が高いことを理解していた。しかし、無条件で引き下がることはできない。中距離弾道ミサイルがキューバから発射されたらアメリカ、カナダの都市はもちろん、中南米や南米の半分までが射程に入ることになり、15分の警告タイムも用をなさない。西半球は何が何でも守らねばならない。かといってＩＣＢＭ（大陸間弾道ミサイル）をチラつかすわけにもいかない。そんなことをしたらテンションが上がるだけで何のメリットもない。そんな条件下での「ケンカ」が幕を開けたのだ。

ファースト・ラウンドは10月25日の緊急国連安全保障理事会だった。

ソ連の国連大使はワレリアン・ゾリンで、相対するアメリカの国連大使はアドレー・スティーブンソン。ゾリンはアメリカ側の行なっている海上臨検を「キューバを飢餓に追い込む行為」と非難し、キューバにミサイルなど存在しないとまくしたてた。それに対してスティーブンソンは「ミサイルが配備された証拠はここにある」とU－2偵察機が撮影した写真を突き付けた（この会議はテレビ中継されており、そんなところでアメリカ側が高度な軍事機密を公開するなどとは当時全く予想されていなかった）。ゾリンの顔は青ざめ、スティーブンソンは写真にあるのはミサイルそのものではないかと迫った。この時のスティーブンソンのセリフはあまりに有名だ。ご存じの読者諸兄も多いのではないか。

「通訳の必要はない。イエスかノーかで答えてほしい」

はぐらかすゾリンに対し、スティーブンソンはこう追い討ちをかけた。

「私はあなたの回答を地獄が凍り付くまで待ちますよ（I am prepared to wait for your answer until Hell freezes over）」

20世紀有数のタフ・ネゴシエーションであった。しかし、あの時代にアメリカ有数の演説家であったスティーブンソンをもってしても、ソ連側を完全に論破することは叶わなかった。ゾリンは会議の残り時間を沈黙とはぐらかしで乗り切ったのだ。こちらもやはり一流の外交官であり「ケンカ屋」だったわけだ。敗北の代償があまりに大きく、お互い絶対に譲れない戦いであったことがよくわかる。

ソ連側とやり合うスティーブンソン米国連大使。やり取りを世界が固唾を呑んで見守った。下はソ連のゾリン国連大使。議論が進むにつれ、その表情はどんどん険しくなっていった。

この難局においてジョン・F・ケネディが「ケンカ」のために使ったもの。その切り札こそが「情報」だった。

ケネディとフルシチョフはなぜ友人になれたのか

解決策が全く見えない中で、セカンド・ラウンドはテレビ中継のない水面下で行なわれていた。アメリカ側はケネディの弟で司法長官を務めていたロバート・〝ボビー〟・ケネディを、ソ連側は駐アメリカ大使のアナトリー・ドブルィニンを送り込んだ。ここでケネディ大統領がボビーに渡した〝武器〟がその「情報」であった。

ボビーとドブルィニンはABCネットワークの記者ジョン・スカリーの仲介で危機の最中に密会した。場所は人目につかないように深夜のワシントン市内の公園に設定された。

危機が始まる2か月半前、ソ連で一人のスパイが逮捕されていた。GRU（連邦軍参謀本部中央情報総局）の大佐だったオレグ・ペンコフスキーという男だ。彼は1961年6月からCIAとMI6（英国情報局秘密情報部）にソ連内部の情報を渡すエージェントとして活動していたのである。

ペンコフスキーは自らCIAとMI6に接触し、情報提供を持ちかけた。通常、そういったタイプの情報提供は警戒される。インテリジェンスの世界では「うまい話」ほど警戒するのが常道だ。喜んでコンタクトを取った挙げ句、金目当てにいい加減な情報を掴まされたり、実はダブル（二重スパイ）であったりするケースも少なくないからである。おまけにGRUと言えばKGBに匹敵する旧ソ連の巨大諜報機関である。CIAもMI6も最初は眉に唾をつけて話を聞いたことだろう。しかし、複数回やり取りをしていくと、ペンコフスキーが正確な情報を提供してくることや、ロシアに共産主義が持ち込まれたことへの怒りを持っていることが明らかになっていった。そうして西側の諜報機関のエージェントとなったペンコフスキーは、ソ連国内の戦略ロケット部隊のミサイル配置図などを流出させていたとされる（そもそもアメリカがキューバに配備されたミサイルを発見できたのも、ペンコフスキーからの情報をきっかけに監視を強めたためだとも言われている）。

その情報によって、ウラル山脈のどこに核ミサイルが配備されているか、キューバ危機発生時にホワイトハウスは把握していたのである。〝ボビー〟・ケネディとドブルィニンの深夜の会合の趨勢は、この情報の非対称が決め手になったとされる。アメリカ側もソ連側も「核の先制攻撃で我が国はそちらを徹底的に叩くことができる」と言い合うが、それでは堂々巡りになってしまう。ペンコフスキーの情報によってアメリカは「より正確に相手の核ミサイル基地を叩ける」状況を先に作り出していたのだ。

ケネディ大統領から、そのアメリカの「情報カード」を渡されていたボビーは、ドブルィニンの耳元で「ペンコフスキー」と一言囁き、あとはロシアのミサイル基地の場所を2つか3つ伝えるだけでよかっただろう。ドブルィニンには抗う術などなかった。当時、ソ連側はペンコフスキーを逮捕したばかりで、彼がどのような情報を西側に漏らしていたのかわかっていなかったから、不意打ちのパンチを食らったようなものだった（ペンコフスキーの取り調べが異例の長期に及んだのは、最後まで彼が西側諸国に漏らした内容を明かさなかったからである）。

この公園での密会の直後に、フルシチョフはキューバからミサイルを引き揚げることを決め、危機は回避された。「情報」がいかに「ケンカ」を支えるか、これほど見事に示したエピソードは他にない。

キューバ危機はもう一つ大切なことを教えている。本当に国益を守るためには、最後まで武力衝突を回避するためのギリギリの「ケンカ」が必要なのだ。もしケネディが「ケンカ」を避け、相手を刺激しないでやりすごそうと考えていたら、アメリカ国民は核の射程内に収められ、領土は脅かされ続けた。図に乗ったソ連側がもっとたくさんのミサイルを世界中に配備する事態になっていたかもしれない。そうであったなら、今の世界はこんなに穏やかで平和だっただろうか。逆に、もしケネディが「情報」という武器を持たずに「ケンカ」に突っ込んでいれば、水掛け論を繰り返すうちに米ソ双方の軍部が暴走し、それこそ人類破滅に突き進んでいたかもしれない。国益を守るためには「ケンカ」が必要であり、かつ暴力的な結末を回避して「ケンカ」に勝つためには「情報」が必要だという厳しいお手本である。

ケネディの「ケンカ」の見事さは、その収め方にもある。ソ連がキューバからミサイルを撤去する時に、アメリカもトルコに配備していた対ソ連ミサイルを撤去したのである。フルシチョフが国内で批判に晒されて暴発することを防ぐため、敢えて相手の顔を立て、フルシチョフに逃げ道を残したのだ。ケネディとフルシチョフは瀬戸際での「ケンカ」を経て信頼を深め、キューバ危機後の一時期、米ソ間でデタント（雪解け）が進んだ。危機を回避するだけでなく、「ケンカ」には真の友好を導く効用もあると我々に教えてくれる事例だと言えよう。情報が戦争を止めた良い例でもある。

インテリジェンス機関は官僚組織ではいけない

「現在の日本にもインテリジェンス機関がないわけではない。警視庁公安部や内閣情報調査室があるではないか」と言う人もいるが、それは似て非なるものだ。今の日本にある組織はグローバルな視線を持っていない。ほとんど力のなくなった代々木（日本共産党）を、予算を削られないために監視し続けているのがいい証拠であり、諜報機関というよりも国内の治安維持を名目にした保安機関だ。インテリジェンス機関まで「内向き」ではちょっとお話にならない。外務省や防衛省などがバラバラに持つ〝名ばかりインテリジェンス組織〟とは違った総合的な諜報機関の創設を急ぐべきである。

2004年5月に中国・上海にある日本領事館の電信官が首つり自殺する事件が起きた。電信官は上海のカラオケ店で知り合った中国人ホステスと関係を持つようになり、その女が中国の諜報機関である国家公安部のエージェントだったのだ。見事に〝ハニー・トラップ〟にかかり、女との関係をバラされたくなければ国家機密の資料を渡せと命じられた電信官は自ら命を絶った。外務省はその失態をひた隠しにした。そして2年後、同様の手口に今度は海上自衛官が引っ掛かり、海上自衛隊の内部資料が中国へと持ち出された。しかも、この自衛官が通っていたのは2年前の電信官と全く同じカラオケ店だったのだ。情報の共有・分析がまるでなく、むしろ組織の縦割りで情報隠蔽を進めた結果、過去の失敗から何も学んでいなかったのである。

結局、外務省も防衛省も官僚組織で、共通の戦略もなければ情報を共有することもない。インテリジェンスを扱う組織が「国益より省益」を行動原理としていて機能するはずがない。セクショナリズムに陥った組織など、「ケンカ」の戦力どころか足かせにしかならない。

名ばかりなのは組織だけではない。日本には現在でも機密費（報償費）というものがある。内閣官房と外務省が使うことを許された領収証の要らないカネである。確かに、諜報活動にあたっては使途を公開できないカネが必要になってくる。ただし、日本の機密費は国益に資するためという本来の用途で使われていない可能性が非常に高い。

例えば、新聞記者やテレビ・コメンテーターとの飲食代、外遊する議員への餞別、野党対策費などが機密費から支出されていることは、もはや多くの証言から明らかである。挙げ句の果ては、政権交代の直前になると金庫から機密費が消えてしまう。２００９年の総選挙で惨敗した自民党は、野党に転がり落ちることが確定的になると官房機密費2億5０００万円を引き出し、民主党に空っぽの金庫を受け渡したのである。私の感覚では自民党の責任者が摘発されてもおかしくないくらいの事件だ（もちろん金庫にカネがあっても民主党では有意義な使い方などできなかっただろうが、それとこれとは別問題だ）。結局、「秘密裏にやるべき活動」と言われた時に、自らの懐に入れることか、国内の政敵の邪魔をすることしか思い浮かばないのだろう。国益を守るための「ケンカ」という発想がない証拠であり、どこまでも「内向き」の発想である。アメリカなどと同じように、数十年後に機密費の使途を公開するという改革は一つの処方箋として考えられるかもしれない。

現在の日本には「インテリジェンス機関もどき」と「機密費もどき」しかない。私がこれから創設されるべきと主張する日本の総合諜報機関は、組織の在り方も人員の選び方も十分に注意しなければならない。もちろん現在の警視庁公安部のメンバーなどを引き抜くことはあっていい。優秀な人材に活躍の場を与えることは必要だ。だが、その場合はワン・ウェイ・ティケット（片道切符）の人事にするなどの工夫が必要だろう。日本の組織によく見られるが、新しい器を作っても過去の所属組織のしがらみが持ち込まれるケースが多い。省庁再編や銀行の合併などの例を思い浮かべてもらえばわかりやすいだろう。せっかく総合諜報機関という入れ物が作られたとしても、その中身が「警察出身閥」「旧外務省派」などといった出身別の派閥の寄せ集めになってしまったら、これまでと何も変わらないことになる。そうした事態を防ぐために、ＩＴの専門家や経済界から人材をリクルートすることも必要だろう。諜報機関が扱う情報は急速に多様化している。そのスピードに対応できる人材を広く集めなければならない。

「ケンカ国家」となるために必要な総合諜報機関は、既存省庁の縄張りに縛られない組織として、国のリーダーが直轄指揮できるようすべきである（その際にリーダーに求められる条件については次章で扱う）。

スパイ天国ニッポンの非常識

中国という国は諜報機関のエージェントを使ったなんでもありの「ケンカ」を仕掛けてくる。先に述べたハニー・トラップのような手法は旧ソ連のKGBが得意としたやり方であり、中国はソ連から多くを学んできた。その学習成果を日本にぶつけているのだ。そうした最も警戒すべき相手の国に行って、ホステスなどと恋仲になるのはもちろん不用意極まりないし、領事館や自衛隊にチェック機能がなかったことも問題である。

ただし、日本のチェックが甘いのは何も中国国内の繁華街に限った話ではない。足下である日本国内でのカウンター・インテリジェンス（防諜）体制も全く整備されていない。2012年5月には、日本の中国大使館にいた一等書記官のスパイ疑惑が取り沙汰されたが、氷山の一角にすぎない。この一等書記官は大使館勤務の傍らでビジネスをし、小金を稼ごうとしただけだが、もっと深刻な事態が進行中だと考えていい。中国からの移民・移住者や留学生が日本で何をしているのか把握している当局もなければ、スパイ活動防止法もないので諜報活動を発見しても検挙することができない。

実際にアメリカやヨーロッパでは中国人留学生がその国の最先端技術に不正にアクセスし、

国外に持ち出そうとして摘発されるケースが後を絶たない。日本でも中国人留学生は定期的に中国共産党の影響下にある団体に集められ、実際に情報を吸い上げられている。日本は取り締まる法律もそれを執行できる諜報機関もない〝スパイ天国〟だから、さぞ活動しやすいことだろう。

こう書くと中国人留学生の排斥運動などが起こるかもしれないから付け加えておくと、私は祖国を愛さない人間は嫌いだが、偏狭なナショナリズムに染まった人間はもっと嫌悪する。留学生の中には日本を気に入ってくれている者もいる。ただ、彼らは本国に家族を持ち、そして彼らにとっての祖国に愛国心を抱いている者もいるだろう。情報を持って帰れば厚遇が約束されるというアメもぶら下げられる。

何が言いたいかというと、国家にとって諜報組織が必須のもので、当然の活動だとするならば、彼らの活動を〝不道徳〟〝不見識〟と責めるのはお門違いで、その前にまず日本の脇の甘さにこそ問題があることを自覚しなければならない。ホステスを使った籠絡も留学生を手先にした工作も、インテリジェンスの世界では極めて古典的な手法である。中国はいわば当たり前のことを当たり前にやっているだけだ（他国に比べて多少露骨で品がないが）。アメリカでは韓国企業による産業スパイ行為も摘発されているが、同じことが言える。そうした行ないを野放しにしておいて、たまたま発見した時だけ相手を〝とんでもない連中〟と大騒ぎする日本こそ非常識な国だと認識してもらいたい。

最も疑うべきは同盟国

敵は中国や韓国だけではない。

「インテリジェンスの世界に友人はいない」とは、これも諜報界の常識だが、実は最も警戒すべきは同盟国なのだ。どうしても警戒対象レヴェルが低くなりがちで、自由に活動できてしまうからだ。

つまり日本で言えば実はアメリカこそ最も警戒すべき相手なのだ。日米は友好関係を築いているかもしれないが、だからと言ってすべての情報をダダ漏れにしてしまっていいわけがない。

1995年にスイスのジュネーヴで行なわれた日米自動車交渉では、CIAが日本交渉団の部屋の電話などに盗聴器を仕掛けていたことが、ニューヨーク・タイムズのスクープによって明らかになった。

日本側の責任者だった当時の通産大臣は後に総理大臣となる橋本龍太郎だった。「アメリカが同盟国に対してそんなことをするわけがないが、事実だとすれば不愉快だ」といういかにも日本人的なコメントを発表し、私は膝の力が抜けたことを今でも忘れない。また、アメリカ側がそれに「ノー・コメント」と返すと、日本側は「否定しないのは遺憾だ」と的外れな応答をした。実際に何がどう盗聴されていたかの検証はせずに、アメリカが否定のコメントさえ出してくれれば国内向けにメンツが保てるとでも考えたのだろう。ＣＩＡのエージェントたちは笑いが止まらなかったと思う。諜報機関を持たず、「ケンカ」の基本を理解しない国家がいかに惨めなものか思い知らされた出来事だった。

在日米軍にしても、多くの情報関係部門の人員を抱えているが、彼らのアンテナが中国や北朝鮮にしか向いていないと思ったら大間違いである。軍事的な面で日本と対立することは今のところあり得ないが、経済的な利害関係が一致しないことは日常茶飯事だ。経済マターでの日米交渉の際に武器となるのは日頃収集された情報に他ならない。「ケンカ」とは軍事的な対立だけを指すのではない。同盟国と「ケンカ」する際にも諜報機関は必要となるのだ。

友好国間の「ケンカ」という意味では、諜報大国同士であるアメリカとイスラエルの関係が示唆に富んでいる。

イスラエルを訪れるアメリカ政府高官のホテルは、まず間違いなくイスラエルの保安機関であるシャバック（イスラエル総保安庁）による盗聴が行なわれる。１９７０年代に世界で最も優秀な外交官と謳われたアメリカ国務長官のヘンリー・キッシンジャーは、中東和平交渉のためにイスラエルとエジプトを行き来するシャトル外交を展開した。そのキッシンジャーとて盗聴ターゲットからは外されなかった。いやむしろキッシンジャーの真意を掴みたかったシャバックは、通常の何倍もの盗聴網を敷いた。アメリカ側はそれをわかった上でバス・ルームの中で大音量のロックンロール・ミュージックをかけ、水道の蛇口を全部開けて会議をするなどの対抗策を講じたとされる。

もちろん、イスラエルの要人が訪米する際にはＣＩＡが同じことを逆の立場で仕掛ける。ペンタゴン（米国防総省）の諜報機関であるＮＳＡ（国家安全保障局）による在米イスラエル大使館への盗聴疑惑が取り沙汰されたこともあった。

アメリカとイスラエルの関係は日米関係よりも緊密だ。それでもなお激しい諜報合戦が繰り広げられる。「ケンカ国家」同士の対等な関係というのはそういうものだ。仕掛けられるのは当たり前であり、前提だ。その意味では為政者が「同盟国のアメリカがそんなことをするはずない」とコメントする日本はスタートラインにすら立てていないし、日米はまだまだ対等とは言えないことになる。

日本の政治家にもう少し苦言を呈すれば、すぐに諸外国の〝親日派〟と仲良くなり、簡単に胸襟を開いて本音を話してしまう点も大いに問題だ。他国の高官らが本当に日本の国益を第一に考えてくれるわけがない。彼らは自らの国のために難しい任務に立ち向かっている。

本来であれば、腹の探り合いから始めて、注意深く相手の意図を読みながら、徐々に協力できるポイントとそうでないポイントを整理し、関係を構築していくべきである。まして「知日派」「日本通」などという在野の〝専門家〟に心を許して国内の情報を平気で話すなど、国のために働く政治家としての資質を疑う。ご存じの読者も多いと思うが、そうした〝学者〟や〝アナリスト〟の中には「ジャパン・ハンドラー」と呼ばれる隠れた諜報のプロが少なくない。彼らの任務は日本国内の情報操作や、日本の各界に親米派を築くことであり、彼らと親密に付き合っているのは自民党などの保守系政治家や保守系メディア関係者が多い。日本で「国益」や「安全保障」を声高に叫ぶのはそうした政治家やメディア関係者が多いわけだが、実は彼らこそが日本の国益を外国に渡してしまっているという非常に残念な現実がある。

人脈構築の段階から「ケンカ」は始まっているのだ。そうしたやり取りのできない政治家や官僚、企業人ばかりだから、諸外国の諜報機関には「日本人は女を抱かせるまでもない」と思われているのである。

私はアメリカの大学に留学していた時代、数え切れないほど殴り合いの「ケンカ」をした。アメフトやボクシング、レスリングをやっている図体のでかい連中を空手で倒すのはとても爽快だったが、それ以上に気持ち良かったことは、殴り合いをした後に彼らと友人になれたことだった。力を尽くした「ケンカ」を経て、相手との信頼関係が生まれる。最初からヘラヘラ笑いながら握手を求めても本当の友人関係は作れない。国家と国家の関係もこれと全く同じである。情報という武器を使ったギリギリの勝負ができない国が相手からリスペクトされるはずはない。

ソ連のスパイは東京でＣＩＡに出頭した

諜報機関を持たないことで生まれる非対称は様々な影響を及ぼす。

仮定の話だが、ＣＩＡが国際テロ組織による東京での大規模テロ計画の情報をキャッチしたとしよう。日米政府の情報伝達の過程でマスコミなどに漏れればパニックが起きるから、極秘ルートを使わなければならない。その時、日本側の伝える相手はどこの誰になるのだろうか。公安なのか、外務省の情報担当部署なのか？　テロリスト側に情報が漏れては堪らない。信頼に足るカウンターパートがいないため、ＣＩＡは米大使館員関係者にだけ注意を促し、独自に作戦を立てて動き出す……。

今の日本でなら、十分起こりうる事態である。

実際、冷戦時代にある東側の諜報機関の最高幹部を務めた人物は私に、「西側諸国の諜報機関とはＣＩＡともＭＩ６ともモサドとも接触があった。しかし、日本の機関だけは何も接触がなかった」と語っていた。諜報の世界は打算と策略で満ち溢れている。表面上は対立関係にあっても諜報機関同士はやり取りを欠かさない。もちろん、そこには騙し合いもあるのだが、そもそも接触すらしていないようでは「ケンカ」のフィールドに立てていないことになる。日本は素通りされ、いいように手のひらの上で踊らされながら、世界の動きから取り残されていたことになる。

1979年10月にKGBで対日工作に従事していた少佐のスタニスラフ・レフチェンコがアメリカへ亡命する事件が起きた。諜報の世界では騙しや裏切りは間々あるが、この事件は中でも世界に衝撃をもって伝えられた。レフチェンコはソ連メディアの東京特派員を仮の姿として、日本の政治家や新聞記者に接触して情報を収集していた。そして亡命を決意したレフチェンコが駆け込んだのは赤坂の山王ホテルだったのである。当時の山王ホテルは米軍の御用達施設として使われていて、CIA東京支局の夜の根城でもあった。

日本でスパイ活動をしていたレフチェンコにしてみれば、「こんなに緩いカウンター・インテリジェンス体制しかない日本の当局など頼りにできるはずがない」と考えたのだろう。日本国内では何の法的権限も持たないCIAに一直線に向かい、外務省も警察もまさに素通りされてしまった。実際、その後アメリカの議会で、レフチェンコは日本の防諜体制がいかにお粗末かを証言している。日本にKGBのカウンターパートたる諜報機関があれば、レフチェンコは最終的にはアメリカに亡命するにせよ、ひとまずは日本の当局を出頭先に選んだはずだ。そうなればアメリカにも貸しが作れたし、ソ連にもプレッシャーをかけられた。しかし、日本は散々情報を吸い上げられただけで終わった。国益もさることながら、日本が世界に笑われた屈辱的事件として記憶に留めておくべきだ。

「それでもＣＩＡが守ってくれるからいいじゃないか」という考えが通用しないことは既に述べた。当時からずっと諜報機関の必要性を訴え続けてきた私から見ると、日本人のメンタリティは30年以上前のレフチェンコ事件から何も変わっていない。まずは「ケンカ」の土俵に立つ決意を持つところから始めなければならないようだ。

「諜報先進国」だったかつての日本

ただし、歴史を振り返れば日本には優秀な諜報機関を作り上げる素地は十分あると思う。江戸時代の御庭番や戦国時代からの忍者集団などは、組織的に諜報活動を行なうれっきとした諜報機関だった。これは世界的に見てもかなり早い段階からインテリジェンス組織が根付いていた例でもある。

世界で最も歴史があるとされる諜報機関はイギリス情報局（ＳＩＳ）である。16世紀後半、エリザベス1世の時代に下院議員であったサー・フランシス・ウォルシンガムは「イギリス情報局の父」と呼ばれる男で、国内で女王に叛旗を翻そうとする動きを察知することはもちろん、ヨーロッパ中に諜報ネットワークを張り巡らせて各国の政治、経済、社会状況を摑んでいた。当時最強と謳われたスペインの無敵艦隊（アルマダ）が1588年の海戦でイギリス海軍に敗れたのも、ウォルシンガムの情報網によってスペイン海軍の内情がイギリス側に筒抜けだったことが背景にある。

日本の忍者組織は戦国時代には確実に機能していたので、ウォルシンガムとほぼ同時代にあたる。日本は世界の最先端を走っていたと言えよう。だからこそ、今でも「忍者」は世界中で人気である。

興味深いのは忍者が使った「草を放つ」という手法だ。相手国の内部にスパイを送り込み、その国の人間として誰にも悟られずに普通の生活を送りながら、実際には本国に情報を送ったり、いざという時に内部から反乱を起こしたりする者を「草」と呼んだ。現代の用語ではスリーパー・エージェントにあたり、世界中の諜報機関が他国に送り込んでいる諜報界のスーパーエリートたちである。かつてソ連のKGBは、アメリカにスリーパー・エージェントを送り込むために、自国内に完璧にアメリカを模した街を作り上げ、そこでエージェントもアメリカ人の生活に慣れさせる訓練までしていた。前述のサー・ウォルシンガムも、スペイン海軍が艦船を建造中に船大工になりすましたエージェントを送り込んでマストや甲板の耐久度を弱めさせたという逸話が残っている。日本の戦国時代の戦いは情報の重要性を知っていたという点で世界最高レヴェルにあり、今以上に日本は先進国だったと言ってもいい。戦国時代の武将たちは隣国にいつ領土を侵略されるかわからない状況で必死に知恵を絞っていた証拠でもあろう。つまり、日本人も諜報の大切さを理解し、その技術と組織を磨いてきた歴史があるのだ。その点では悲観しなくてもいい。

近代に入ってからも、日露戦争(1904~1905年)を勝利に導いた陸軍大佐の明石元二郎の存在は有名だ。当時のロシア帝国内でレーニンを支援し、敵国内で革命を起こさせて戦争を勝利に導いた。もちろん大日本帝国海軍の活躍は特筆すべきものであったが、一人の優秀なエージェントの力が数万の軍隊にも匹敵する好例である。ちなみに当時、明石に支給された工作資金は100万円。これは現在の価値にすると数百億円は下らない。

当時は帝国主義の時代であり、欧米列強がどんどん領土拡張を狙っていた時代だ。日本はアジアの東端に位置する小国でありながら列強と覇を争っていたからこそ、諜報活動の重要性を認識し、人材と資金を投じた。この時もまだ日本は「ケンカ」のできる国家だった。

歴史を振り返ると、日本人はきちんと危機を危機として認識し、そこで勝ち残る術を「諜報戦」に見出す賢さを持っていた。私が、日本人は優れた「ケンカ国家」を築けると考えるのは、こうした歴史を高く評価するからでもある。このＤＮＡは今の日本人にも受け継がれているはずだ。今日これだけの危機を目の前にしながら、まだ目を覚まそうとしないことは口惜しくて仕方ない。先の敗戦によって牙を抜かれてしまったのはある程度仕方ないことかもしれないが、そろそろ日本人はかつて「諜報先進国」であったことを思い出し、眠った才能を活かす時代が到来していることを認識すべきである。

孤独な職業としてのスパイ

長きにわたる〝平和ボケ〟が災いして、諜報機関のエージェントが具体的にどんな存在なのか、日本人にはイメージしづらいかもしれない。

ちょっと肩の力を抜こう。優れたエンターテインメント、フィクションに見る「スパイ」の活動を日本人と世界はどう受け止めているだろうか。

最も有名なスパイ映画である『００７』シリーズは、当然ながらかなり脚色の多い作品である。現実の諜報界にはジェームズ・ボンドのような男はいない。面白いのは、諜報機関が実際に存在する国々では、『００７』のように「エンターテインメント性を追求した作品」と「リアリティを求めたスパイ映画」とが、ある程度区別されてそれぞれ楽しまれていることだ。一方、そうした機関と縁のない日本では、十把一絡げに「すべておとぎ話」と受け取られているように見える。もっと言えば、リアルなスパイ映画はエンターテインメント作品ほどヒットしない。

映画でリアルな諜報の世界を描いた作品として私がお薦めしたいのは、1965年に公開された『寒い国から帰ったスパイ（原題・The Spy Who Came in from The Cold)』である。名優リチャード・バートン演じる英諜報機関・MI6のエージェントが東ドイツに潜入するというストーリーだ。

どんでん返しを楽しめる筋立てなので、面白く観てもらうためにここで細かい内容についてはあえて触れない。ただ、諜報活動の世界に生きる者の現実がよく描かれている。敵国に潜入するための地道な偽装工作や、裏切りと謀略の中でミッションを達成する難しさ、そしてたとえ作戦が成功しても決して手放しの幸せを手に入れられないという過酷さ――そうしたリアルな諜報活動の一端を知ることができるだろう。

映画の原作となった小説の著者であるジョン・ル・カレは東西冷戦の時代にMI6に諜報員として勤務した「本物」を知る作家である。実体験をベースにしているから、スパイの真実を描くことができるのだ。

ちょっと余談になるが、この作品の邦題はあまり感心しない。原題で使われている「came

in from the cold」という表現は、孤立無援の状態から脱する、仲間に受け入れられることを表わす慣用表現であり、この主人公は過酷な任務をたった一人でこなしながら、その孤立無援から脱することができるのか、はたまたスパイはどこまでいっても孤立無援なのか、そこが作品の重要な裏テーマになってシナリオが進んでいくサスペンスだからだ。決して「寒い国から帰った」という意味ではない。

実は私が過去にインタビューした諜報機関の大物たちの中にも『寒い国から帰ったスパイ』を優れた作品として評価していた者がいた。例えば、旧ソ連のＫＧＢでトップを務めたウラジミール・アレクサンドロビッチ・クリュチコフも私の取材に対して「ル・カレの作品には諜報の世界の真実が描かれている」と語った。

クリュチコフはＫＧＢという一大組織のボスを務めた人間だけあって、どんな問い掛けにもエキサイトせず、動揺も全く見せなかった。余裕綽々《しゃくしゃく》の語り口と柔和な表情。くぐってきた修羅場の数と正比例するような言動だった。

そのクリュチコフが作品を「真実」だと高く評価したのは、スパイ活動のリアルさだけでなく、エージェントの孤独や苦悩を描いた心理描写に心を動かされたからではなかっただろうか。諜報の世界では、大きな成果をあげても秘密活動なのだから大々的にそれが称賛されることはない。軍人のように勲章をもらえるわけでもない。逆に一度でも失敗を犯せば、他国はおろか、自国内からもスキャンダルとして非難の的にされる。言い訳は一切言ってはならない。任務にあってもそうでなくとも孤独に耐えて戦い続けなければならないエージェントがどれほど過酷な仕事か、そしてそうしたエージェントを集め、鍛え、組織としてまとめ上げることがどれだけ難しいかをクリュチコフは言葉の行間で語りかけているように感じたものだ。

モサドのトップが語った「エージェントの条件」

諜報機関の最前線で闘うエージェントは「ケンカ国家」に必要不可欠な人材だ。では、どういった人間であれば士気を失わずに任務を果たせるのか。

私は以前、諜報界の伝説的人物からそのヒントを教えてもらったことがある。モサド創設者の一人にして2代目長官、イサー・ハレルである。

ハレルにインタビューした際、私は「エージェントをどのようにして選ぶのか」と聞いた。真っ先にハレルから返ってきた答えは、「まず高い能力は当たり前として、人間としての尊厳と正直さを持っていること。仕事さえできればどんな性格の人間でも良いではないかと思うかもしれないが、それは大きな間違いだ。彼らのもたらす情報や為す工作にイスラエル国家の浮沈がかかっているのだ。不正直な人間はニセの情報をもたらすし、自尊心や誇りのない人間は自分の命を救うため国家を売ることだってある。そのような人間に国家の運命を委ねるわけにはいかない」というものだった。次に、「自分からエージェントになりたいと言ってくる人間は間違いなくダメだ」というものだった。スパイに妙な憧れを持つ、目立ちたがり屋で自己愛の強いタイプは敵の手にかかると大抵、味方の重要な情報を簡単に相手に渡してしまうのだという。続けてハレルがエージェントをスカウトする尺度として挙げたのが「愛国心があるか」という条件であった。

日本では既に死語となりつつあるこの言葉だが、世界では大切な言葉として使われている。「愛国心がなければエージェントとなる資格はない。国家とユダヤ民族のために命を捧げるという覚悟がなければモサドのメンバーとしては決してやっていけないからね。彼らの任務内容はあなたが考えているより遥かに難しく危険なものなのだ。失敗して敵の手に落ちたら想像を絶する拷問が待ち受けている。そんな時、大きな支えとなるのが愛国の心だ。自分がここで命を捨てれば祖国とその民が救われる。命を捨てるだけの価値と意味はある。ならば上等なバーゲンだと覚悟を決める。これこそ国家国民に対する真の愛に他ならない。私も含めてモサドのメンバーたちはその精神で貫かれている。単なる冒険心やカネのために働いている人間ではまず耐えられないだろう」

モサド元長官のイサー・ハレル氏。エージェントに強い愛国心を求める言葉が印象的だった。下は3代目モサド長官のメイヤー・アミット。ハレルの築いたモサドの基盤をより強固なものとした名長官であった。

エージェントの条件は他にもないかと問いを重ねたところ、「質素な生活に耐えられるか」「家族を愛しているかどうか」とも言及した。私はなるほどと思ったが、家族を愛する気持ちと祖国を愛する気持ちは同じ延長線上にある、という考えがその根幹に感じられた。ユダヤ民族として迫害されてきた歴史を持ち、ついに祖国を建国するに至ったイスラエルならではの思考だとも言えよう。

もっとも「家族思い」という条件にはもっと世俗的な理由もあるようだ。ハレルは、ある若いエージェントが休暇を取った時のエピソードを教えてくれた。休暇期間中にモサドの上役がそのエージェントの自宅に電話をかけた（もちろん妻にはモサド勤務であることは明かされていないので立場を偽っての電話だった）。すると妻は「夫は仕事でヨーロッパに出張に行っている」と答えたのだという。このエージェントは妻に隠して別の女とヴァカンスを楽しんでいたのだ。モサドはすぐにこの男の居場所を突き止め、不倫の現場を押さえた上で即刻クビにしたという。ハレルは若くて優秀なエージェントだったと言っていたが、それでも解雇しなければならないのは、諜報機関の人間にとって「女」は最も警戒すべき存在の一つだからだ。〝ハニー・トラップ〟にかかり、敵国に弱みを握られて寝返られたら、ミッションをともにするエージェント全員が危険に晒されることになる。先に紹介したような、上海のカラオケ店のホステスに何度も引っ掛かる日本の領事館や自衛隊とは、リスク管理の姿勢が全く違うわけだ。

モサドには女性のエージェントもいるが彼女たちが工作または情報収集のためにセックスを使うことをハレルは禁じていた。１９６６年、イスラエル空軍の要請でモサドがイラクからミグ21を盗むことになった。この工作には女性エージェントが使われたが、彼女は色仕掛けでイラクのエース・パイロットに近づくことに成功。パイロットはミグと共にイスラエルに亡命した。この時、ハレルは既にモサドから退役しており、長官は3代目のメイヤー・アミットになっていた。少なくともアミットは女性エージェントのセックス禁止というハレルのルールを破ったわけだが、以来モサドはそれも重要な工作の一つとして引き継いできた。実際には売春婦となって情報収集している女性エージェントもいる。

ちなみに『００７』の主役であるＭＩ６エージェントのジェームズ・ボンドは大の女好きという設定だ。私はジョーク半分でハレルに、

「それじゃあ、ショーン・コネリー（初代ジェームズ・ボンド）のダブル・オー・セブンはどう思いますか？」

と質問した。すると彼はクスリともせずにこう返した。

「我々のやっていることに比べれば、あの映画の中の出来事は幼稚園児の遊びのようなものだ」

エンターテインメント映画よりも遥かに緻密で複雑な、しかし地味で目立たない活動を日々続けているという誇りから出た言葉だった。

モサドの中にはキドンという暗殺専門の特殊部隊がある。音もなくターゲットに忍び寄り、静かに確実に消し去る——そんなミッションがいくつも遂行されてきた。例えば1972年のミュンヘン五輪で、イスラエル選手団11人がPLO傘下の過激派テロ組織「黒い9月（ブラック・セプテンバー）」によって殺害される事件が起きた。いわゆる「ミュンヘン事件」である。このテロ行為への報復作戦（オペレーション・ラス・オブ・ゴッド＝神の怒り作戦）では、キドンと陸軍特殊部隊サェリト・マトカルが黒い9月のメンバーを一人ひとり〝掃除〟していった。20年以上かかったがPLOの諜報部トップからミュンヘンの現場にいたテロリストまでを確実に片付けた。派手なアクションはないが、作戦の成果は映画の比ではない（実際、キドンのエージェントは映画のスタントマンなどより遥かに危険なアクションをこなせる）。ハレルは、他のどの国の諜報員よりも有能でありながら、公の場では決して称賛されない無数のモサド・エージェントたちの思いを代弁したかったに違いない。

モサドは敵に捕らわれて殺されたエージェントの遺体を必ず取り戻そうとすることで有名だ。イスラエル政府は戦闘で捕らえた捕虜と戦争の前に殺されたエージェントの死体を交換することも少なくない。モサド要員1人の遺体と50人の敵の捕虜（エジプト軍将校）を交換したこともある。

20世紀最高のスパイと言われ、シリアに送り込まれて数々の重大情報をテル・アヴィヴに送り続けたエリ・コーエンはシリアのカウンターインテリジェンスによって捕らえられ、死刑に処された。モサドは彼の奪還のためにフランス大統領のドゴール、エリザベス女王、ローマ法王、主要国の首相や大統領、果ては共産主義国家の政治家までにも影響力を駆使するよう依頼した。そして実際に彼らは動いた。ドゴールなどはシリアに50機の軍用ヘリと他の武器や兵器を無料でオファーした。

しかしシリア側は耳を貸さなかった。メンツが許さなかったのだ。アラブ諸国はシリアがコーエンに子供のように扱われて馬鹿にされたのを嘲笑っていたからだ。

シリアはコーエンのようなスパイなら体のどこかに何かを隠しているに違いないと考えて彼を墓地に埋める前に彼の体をズタズタに切り刻んだ。だが何も見つからなかった。彼の遺体は今でもダマスカスの墓地にある。イスラエル側はシリアに対して何度もコーエンの遺体とイスラエルの刑務所に拘束されている何人かの重要なシリア人スパイの交換を申し出たが、シリアは拒否し続けている。

一人の死んだスパイの奪還のためにそれだけのことをする諜報機関はまずないだろう。しかしハレルに言わせればそれは当たり前のことだという。

「モサド・エージェントを決して見殺しにしてはならないというのが私の信条の一つだった。その考えは今でもモサド内部で生き続けている。敵の手に落ちたエージェントはどんな代償を支払っても取り返さねばならない。死体となってもだ。エージェントたちはどのような状況に置かれようが決して祖国から見捨てられないと確信している。たとえ殺されてもシオンの地に埋められると信じているのだ。どんな危険な任務でも彼らがものともしない最大の理由はここにある。

モサドは最も優秀な人間しか採用しない。他の職業に就いていたなら100%成功するような連中ばかりだ。その彼らが愛国の精神を持ってモサドに加わり、国家のために命を懸けてくれるのだ。愛には愛をもって報いるのは当然のことだ。

他のモサド・メンバー同様エリ・コーエンは抜群に頭が切れ、数か国語を自在に操り、しっかりと自分というものを摑んでいる男だった。時や場所が違っていたなら、優秀なビジネスマンとして実りある人生を送っていただろう。しかし、祖国イスラエルは常に国家的危機に直面してきた。その危機に対処するためコーエンのような若者が死んでいった。悲劇以外の何ものでもない。もしアラブ諸国のリーダーたちが国家的野望を捨ててイスラエルと平和条約を結んでいたならば、モサドは純粋な情報機関として成長し、特別工作などに手を染める必要はなかっただろう」

しかし特別工作は大部分の諜報機関がやっている。ただモサドのそれは大胆かつ成功率が最も高いから目立つことは確かだ。理由は敵が多いこととホロコーストの洗礼を受けたことも挙げられるだろう。

ハレルへの最後の質問。あなたが辞めてからモサドに地殻変動が起き、大きく変わったと伝えられているが？　それははっきり言って諜報能力が劣化したということですが？

「指導者や内部機構が変わったぐらいでガタがくるようなモサドでは断じてない。なぜならモサドには絶対に変わらないものが一つだけあるからだ。それは一人ひとりのエージェントたちの卓越した能力、愛国心、そして犠牲の心だ。彼らはその名をイスラエル社会に知られることもなく、功績も公にはされない。遠く異国の地で命を失う者も多い。言ってみれば無名の戦士だ。しかし彼ら無名戦士の手にこそイスラエルだけではなく、日本をも含めた全自由主義国家の安全がかかっていると言っても過言ではない。もし英雄という言葉を使うことが許されるなら、彼らモサド・エージェントこそ真の意味での現代の英雄だと私は思う」

自分を立てることなくあくまでエージェントたちを立てる。人間として立派なだけでなくプロ中のプロである。その後一度彼を自宅に訪ねたが、仕事ではなく表敬訪問だった。その時の彼は初めて会った時と同様、相変わらず無愛想だったが笑顔は見せてくれた。２００３年２月に亡くなったと聞いた時、自然と涙が出て止まらなかった。私がそれまでに会った人間の中で最も印象に残っている一人と誇りを持って言い切れる。彼を思い出す度にその純粋さ、愛国の情、モサドへの思いと情熱が昨日の話のように蘇ってくる。

KGB〝最後の議長〟の信念

もう一人私の心の奥に残っている純粋なスパイ・マスターがいる。

ハレルとのインタビューから10年以上経ってから会ったのが、実質的なソ連邦最後のKGB議長だったウラジミール・クリュチコフだった（1991年8月、彼はヤナーエフ副大統領やヤゾフ国防相、プーゴ内務相ら保守派の大物と共にゴルバチョフ大統領を黒海沿いの避暑地に幽閉した。俗に言われる保守派8人のクーデター（＊2）である。しかしそれは失敗に終わり、全員が国家反逆罪で逮捕され、役職を取り上げられた。クリュチコフはKGB議長を解任され、後任としてバカーチンが任命された。だが既にゴルバチョフは大統領としての権威も権力も失いつつありKGBとて解体されるのは時間の問題だった。バカーチンはその解体のために送り込まれたのだった。正確に言えばバカーチンが最後のKGB議長だが、実質的にはクリュチコフがソ連邦KGBの最後のトップと言っても差し支えはないだろう）。

インタビューのために彼のアパートを訪れたのだが、これが世界の4大諜報機関のトップが住む家かと戸惑ったものだ。イサー・ハレルの住居もおよそ彼の地位に似合わぬこぢんまりとしたものだったが、クリュチコフのアパートはスペース的にもっと小さい。もう一つ戸惑ったのは満面の笑顔で迎えてくれたこと。ハレルにしてもマーカス・ウルフ（ドイツ統一以前の東ドイツの諜報機関シュタージで彼は対外工作部門の局長だった）にしても、またビル・ケーシー（レーガン政権下でのＣＩＡ長官）にしても滅多に笑顔を見せない。なのにＫＧＢ議長であったクリュチコフが親しい友人に会ったような笑顔を見せる。厳しさのかけらもない笑顔がこちらのガードを下げさせる。彼特有のアイス・ブレーキングなのだろう。インタビュー中にも彼は柔和な表情を絶やさず、泰然自若としていた。自宅軟禁中の身にもかかわらずである。

まずＫＧＢのトップとして最もタフな敵はどの諜報機関であったかと質問すると予期した通りの答えが返ってきた。

「最も手強く何事にも大胆かつ綿密だったのはイスラエルのモサド、イギリスのＭＩ６、ア

＊2…保守派8人のクーデター　別名ソ連8月クーデター。1991年8月19日、改革派のミハイル・ゴルバチョフ大統領に対し、ゲンナジー・ヤナーエフ副大統領ら守旧派がモスクワで起こしたクーデター。ボリス・エリツィンを中心とした市民の抵抗により失敗に終わり、逆にソ連崩壊の引き金となった。

元KGB議長のクリュチコフ氏。
幾多の修羅場をくぐり抜けた男は「祖国への愛」を筆者に語った。

メリカのCIA。これら3大諜報機関はKGBの最大の敵として扱われた。ペネトレーション（〝モグラ＝二重スパイ〟を植え込むための浸透度）のパーセンテージが非常に低くなる。特にモサドの場合はほとんど不可能だった。モグラを発見したら彼らはすぐに事故を装って消してしまう。MI6に関しても同じことが言える。かつてはケンブリッジ・ファイヴ（イギリスで活動したソ連のスパイ網）のようなイデオロギーでエージェントになった者もいたが、そんな時代は遥か昔のことになった。モサドやMI6に比べるとCIAの場合はずっと易しかった。カウンターインテリジェンスの神様と言われたジェームズ・アングルトン（＊3）のような男はいなくなっていたからね」

KGBは重要人物の引き抜きによく女性を使うといわれている。彼女たちはツバメと呼ばれ、アパートを与えられ色々な特典を享受できる。ツバメになるためにはどんな条件が必要なのか？

「まず言っておくが彼女たちは娼婦ではない。れっきとしたエージェントだ。ただ美しいだけではダメだ。演技力、語学力、頭の回転の良さなどが求められる。女優崩れが多いのはそ

＊3…ジェームズ・アングルトン　1954年から1975年までCIAの防諜部長を務めた人物。冷戦体制下で各国の諜報機関とやり取りをしながらアメリカの防諜体制を築き上げたカウンター・インテリジェンスのプロフェッショナル。

のためだ。愛してもない相手に対して心の底から愛していると思わせるには相当の演技力を必要とするからね」

彼女たちの餌食になった外国要人はどのくらいいたのだろうか？

「相当な数とだけ言っておこう。しかし失敗もあった。これは既に公にされているオペレーションだから話してもいいだろう。ある超有能なツバメが男のエージェントと連携してフランスの大使に近づいたケースがあった。フランス語が堪能で女性としてもロシア女の荒っぽさはなく、フランスの上流社会のマナーを身につけていた。大使は初めて会った時から彼女の虜になった。彼を落とせばフランスだけでなくＮＡＴＯ（北大西洋条約機構）の極秘情報も得られるはずだった。しかし、いくら大使が彼女にメロメロになっても、すぐに情報を引き出すわけにはいかない。じっくりと時間をかけて、２人の間には隠すようなことは何もないと相手に思わせることが重要だからね。だがＫＧＢはあることを忘れていた。フランス大使館内にいるＤＧＳＥ（フランスの諜報機関・対外治安総局）のカウンターインテリジェンスを無視していたのだ。ある意味でフランス側の諜報活動を馬鹿にしていたのだ。アロガンスここに極まれりといったところだろう。フランス大使館のカウンターインテリジェンスは大使とそのツバメが会った時から彼女をマークしていたのだ。無論大使の電話も盗聴していた。そしてこれはヤバいと感じた時、本国の本部に連絡した。本部はすぐに大統領に連絡。

大使には即座に帰国命令が出された。あのオペレーションが成功していたら、彼女には英雄勲章が与えられたはずだったが、結果は逆で彼女を解雇せざるを得なかった。西側の諜報機関に面が割れてしまっては、もはや使いものにならないからね」

女性をそういう方法で使うことに、抵抗を感じなかったのだろうか？

「そんなことは世界中の諜報機関がやっていることだ。要は結果なのだ」

しかし女性をハニー・トラップに決して使わなかった諜報機関のリーダーがいたが？

「モサドのイサー・ハレルだろう？　彼は芯までモラリストだった。当時はそれで通用したかもしれない。だが時代は変わった。諜報の世界にモラルなどはないのだ。現に今モサドは女性エージェントをイタリアやフランスで売春婦として使っているではないか。かつて我々のエージェントがミラノで売春婦と関係を持った。その売春婦がモサドとわかっていたので彼女を説得してモスクワに連れてくるのが彼の役目だった。しかし、ことが終わってカネを払おうとした時、彼は突然倒れた。毒殺だった。彼女の唇に毒が塗られていたのだ。キスした時、その毒を飲んでしまった。モサドは彼がＫＧＢであることを既に摑んでいたのだ。さすがの私もあれには度肝を抜かれたよ。復讐しようにも、その女はもうミラノにはいなかった。多分イスラエルに帰ったのだろう」

映画のようだが、かつてハレルが言った「００７など幼稚園児の遊び」という言葉が頭をかすめた。

KGBからアメリカへのディフェクター（亡命者）は他の諜報機関に比べて非常に多かったが？

「それは見方によると思う。亡命が本物かどうかさえはっきりとはわからない。モサドは別だがね。ソ連邦の時代からユダヤ系ロシア人が移民としてイスラエルに行ったが、中には我々のエージェントが潜り込んでいた。だが一人として成功した者はいなかった。モサドとシャバック（イスラエル総保安庁）の連携プレーがそれだけ見事だったということだ。

だがCIAの場合は違った。彼らは心理的に最初から亡命者を欲しがっていた。それが彼らの弱点だった。利用しない手はない。だからアメリカへの亡命者が一番多かったのだ」

エージェントが上の命令で故意に亡命したと言っているのだ。聞き捨てならない言葉である。アングルトンがいたかつてのCIAカウンターインテリジェンス部門は300人以上の要員がいたが、クリュチコフがKGB議長になってからは80人に減っていた。それだけKGBの浸透率が高まるわけである。果たして何人ぐらいが浸透に成功したのか？

クリュチコフがニヤッと笑ってこう答えた。

「具体的な数は言えないが、あなたが考えている以上とは言える。それに加えてCIA内部で働いている生粋のアメリカ人が寝返る。アルドリッチ・エイムス（＊4）やエドワード・ハワード（＊5）は非常に重要な情報を与えてくれた。もちろんカネ目当てだったが。エイムスなどはCIAのカウンターインテリジェンス部門にいたのだから、我々にとっては宝だった。彼の情報によってソ連国内で活動する裏切り者たちを捕らえることができたのだからね」

しかしCIA側はそれを知っていて泳がせている可能性もあるのではないか？

「何人かは既にマークされていた。もし逮捕されたらダブル・エージェントになることをオファーせよと我々は教えてきた。実際はトリプルだがね」

CIAへの浸透はともかくFBI（米連邦捜査局）によると現在はスリーパー・エージェント（俗にイリーガルと呼ばれる）や一般のスパイの数はソ連邦時代よりも増えていると言うが？

「それについてはFBIが正しいと思う。KGBの後継機関であるSVR（露対外情報庁）やFSB（露連邦保安庁）は実績を作ることに必死になっている。しかしエージェントの質やテクニックに問題がある。特にFSBは落ちる。まともな訓練を課さないでエージェント

＊4…アルドリッチ・エイムス　CIA工作員だったがKGBの協力者であることが発覚し1994年に逮捕された人物。CIAのトップクラスの協力者10人以上のリストを漏洩させたとされる。
＊5…エドワード・ハワード　CIA職員だったが1985年にアメリカに亡命したKGBエージェントのヴィタリー・ユルチェンコによりKGBスパイであることが暴露され、ソ連に亡命。

たちを外国に送り込んでしまう。ＫＧＢは普通のエージェントで1年、スリーパーだったら3年の訓練期間を設けていた。筋金入りのエージェントを作るためにはそのぐらいの時間と出費が必要なのだ。ＦＳＢのように投資なしで優秀なエージェントは決して生まれない。ＩＱが低くて粗野で野蛮。品のある英語を話せるのがほとんどいない。諜報機関というより政府のお墨付きの新興マフィアと言ったほうがいいかもしれない。現に彼らは中小マフィアを脅して上納金を払わせる。ロシア政府のトラブルシューターであり、民衆はＦＳＢを政府認定の暴力団と揶揄している。モサドやＭＩ６などはプロ中のプロだ。所属するリーグが全く違う。３大諜報機関と真っ向からぶつかったらＦＳＢは子供扱いされかねないね。ＳＶＲは少しはまともだが、かつてのＫＧＢに比べたら実力的にはその10％もないだろう。エリツィン（元ロシア大統領）は諜報機関がなんたるかを全く知らなかったとしか考えられないね」

話題は彼の人生を決定的に変えた1991年8月の保守派クーデターに移る。

クーデターは成功すると思っていたのか？

「あれはクーデターなどではなかった。国家を守るための防衛措置だった。もしあのままゴルバチョフが突っ走ったら祖国ソ連邦は崩壊してしまうと我々は信じていた。あの4か月後、実際そうなってしまったがね」

決起した時ＫＧＢのアルファ部隊とヤゾフ国防相配下にあったスペツナズ（ソ連軍特殊部

隊）を出動させれば状況は変わっていただろうか？

「ヤナーエフやプーゴはそれを主張したが私は受け付けなかった。彼らが出動したらエリツィンは市民を扇動し必ず犠牲者が出る。内戦になっていたかもしれない。アルファやスペツナズは国家国民を守るためにある。その彼らにソ連人を殺させる命令など出せるわけがない。あの際彼らを動員するなどもってのほかだった」

決起したことを悔いているか？

「それは全くない。エリツィンという扇動者が出てくる前にやっていたら成功していたかもしれない。しかしそれは結果論にすぎない。我々は権力を得るために立ち上がったわけではない。祖国が瓦解するのを黙って見ていられようか。私にはできなかった。ソ連邦は私の魂の根源だし、崩壊した今でも愛している。我々の決起は失敗した。だが私は敗北したとは思っていない。ソ連邦の掲げた共産主義の理想と夢は永遠に私の心に生き続けるからだ」

ロマンティックな共産主義者と言ってしまえばそれまでだが、その言葉の裏に私はある種の純粋さと情熱に満ちた信念を感じた。８人の保守派の中でクリュチコフが唯一の本物と言われていたことに納得できる。

決起が失敗した後、副大統領のヤナーエフはヤケ酒に浸り、プーゴ内務相は自殺、他に数人が外国に亡命した。彼らの目的は明らかに権力を奪取することにあったのだろう。一人だけ堂々としていたのが首謀者のクリュチコフだったと言われている。１９９４年ロシア議会は彼に恩赦を与えた。それから２００７年にこの世を去るまでの13年間、彼は自由に生きた。もしかしたらソ連邦復活を最後まで夢見ていたのかもしれない。

江戸時代の日本に優れた諜報機関が生まれたのも、構成員たちが個人的な欲求を抑え、「御家のことを第一に考える」という思想を共有していたからだ。忍者という名がまさに示すように、「忍ぶ者」であることが求められた。ハレルの言った「愛国心」「家族を思う心」も根は同じだ。では、果たして今の日本人にそうした信念があるだろうか。日本の武器は人材だと私は信じているが、諜報機関を作るにあたっては、優秀と言われる日本人の真価が改めて問われることになる。

もちろん、暗殺チームを持つモサドのような諜報機関は現代の日本には根付かないだろう。日本には優れた諜報機関を作るための素地があると言ったが、法律を成立させて新たな組織を作ればそれで済むということでは決してない。何のために、何をする組織を作るのかを明確にしておくのもまた重要だ。

第3章

戦えるリーダーの条件

国家の武器となる「情報」を収集するためにはインテリジェンス機関が必要不可欠だ。しかし、武器を手にしても使い手がその活かし方を知らなければ何の役にも立たない。国家同士の「ケンカ」において武器を最大限に活かすために、その使い手たるリーダーには何が求められるだろうか。この章ではそれを明らかにしていく。

世界有数の諜報機関を持った国の「敗因」

「情報」を持つことは国を守るための絶対的な必要条件だが、それだけでは国益を守ることはできない。

世界3大インテリジェンス機関の一つであるモサドを擁するイスラエルでさえも、過去に敗北を喫したことがある。1973年に勃発した第4次中東戦争の緒戦はその一例として記憶されている。この戦争は最終的にはイスラエルの勝利で幕を閉じたのだが、イスラエルの人々の心には「失敗の記憶」として刻まれた戦争なのだ。国家が地図の上から消えてしまう瀬戸際にまで追い詰められた手痛い〝敗戦〟だったと言っても過言ではない。

第4次中東戦争はエジプトとシリアの連合軍による奇襲攻撃によって始まった。1973年10月6日のことである。

スエズ運河の西岸からエジプト軍の砲撃が始まり、陸軍が侵攻を開始。先に触れた第3次中東戦争（6日戦争、1967年）で奪われたシナイ半島に侵攻し、イスラエル側の拠点を叩いた。シリア軍も同様に6年前の戦争でイスラエルに占領されたゴラン高原に兵を進めて挟撃。隙を突かれたイスラエル軍は奮戦しながらも後退を余儀なくされた。それまでの戦争でイスラエル空軍の攻撃に為す術もなかった反省から、エジプト・シリア側はソ連から地対空ミサイルなどの兵器を調達していた。それによって数多くのイスラエル空軍機が撃墜され、制空権をアラブ側が握ったのだ。航空支援のない中でイスラエルの地上部隊も苦戦を強いられ、一時は6日戦争で拡大した領土を失うどころか、建国時の国土まで侵攻を許しかねない状況に追い詰められたのだった。

その後、態勢を立て直したイスラエル軍が反転攻勢を開始。陣地を回復したところで米ソが停戦を仲介するに至ったものの、イスラエル側は3000人近い戦死者を出し、100機以上の航空機を失った。第3次中東戦争の約5倍の損害であり、かつて劇的な勝利で築き上げた「不敗神話」は崩れ去った。小国の限られた資源で戦争をする以上、損害を最小限に抑えなければならないイスラエルにとって、この戦争は事実上の敗北だった。

少しイスラエルを擁護しておけば、反転攻勢によって形勢をひっくり返すことができたことからもわかるように、イスラエル軍の戦闘能力はエジプト、シリアを確実に凌いでいた。そして、だからこそ緒戦の敗北は深刻な問題であった。奇襲への備えがなく、虚を突かれた状況で戦闘に突入したという事実は、世界最強と謳われたモサドのインテリジェンス活動が敗れ去ったことを示していたからである。

モサドはこの奇襲の「情報」を手に入れていなかったのだろうか？　実はそうではない。

モサドは奇襲を主導したエジプトの動きを正確に把握していた。

当時のエジプト大統領はアンウォー・サダト。「アラブの英雄」と呼ばれたナセルの跡を継いだ男だ。ナセルはスエズ運河からイギリスとフランスを撤退させ、汎アラブ主義を掲げてアラブ圏で絶大な支持を誇った。サダトは後継者としての地位を固めるために実績を必要としていた。イスラエルをターゲットにして6日戦争で失った領土を回復すれば、自身の求心力を増すことができると考えたというのが一般的な意見だが、全く違う。サダトはナセルのような安っぽいナショナリストではなかった。彼の心の中には深くポズィティヴな動機があった（動機については詳しく後述する）。いずれにせよソ連から兵器を購入し、軍事顧問まで迎えていたが、そうした挙動の逐一はモサドの情報網に引っ掛かっていた。エージェントたちは国家のリーダーである政治家や軍にその情報を伝えることも怠らなかった。モサドは攻撃開始の日付まで正確に報告していた。敵のパラシュート部隊が着地する数か所まで把握していた。ただ攻撃開始時刻についてはわずかのズレがあったが。

つまり、この戦争における失敗の本質は、情報を受け取った政治家が、その貴重な武器を物置に入れたまま使わなかった点にあった。当時のイスラエル首相であったゴルダ・メイアは、正確な情報を得ていながらそれに基づく適切な指示を全く出さなかった。結果として、国家は存亡の危機に陥った。

なぜメイアは正確な情報を手にしながら緒戦に負けたのか。そこに重要なレッスンがある。

開戦前の失態と失敗

イスラエルが奇襲を受けた1973年の10月6日はユダヤ教最大の休日の一つである「ヨム・キップル（贖罪の日）」であった。一年の罪を悔い改めるために、ユダヤ教徒が一切の飲食や労働を禁じられる日である。アラブ側はちょうどラマダン（断食月）であった。

メイアはこの重要な休日に国民を戦争の準備へと駆り立て、仮に情報が間違っていて何も起きなかった時に批判されることを恐れた。政治的動機以外の何ものでもなかった。さらに言えば第3次中東戦争での圧倒的な勝利による油断と慢心もあっただろう。サダトという政治家がナセルほどは強硬な手段には出ないと思い込んでいたかもしれない。

その上、彼女を取り巻くアドヴァイザーたちは軍部の大物ばかりで、そのトップは伝説的な軍人である将軍のモシェ・ダヤン国防大臣。1967年の6日戦争の時にも彼は国防大臣だった。67年の戦争でイスラエルはモサドの集めた情報を駆使してエジプトとシリアを6日間で完膚なきまでに叩きのめし、シナイ半島、ガザ、ゴラン高原を占領した。途中から加わったヨルダンからはウェスト・バンクや東エルサレムを奪取した。独立戦争以来勝ちっ放しで、文字通りのインヴィンスィブル（無敵）国家だった。その大きな理由の一つは諜報機関が集めて分析した情報を軍部が信頼して攻撃や防御に活かすことを徹底したということが挙げられ、これはイサー・ハレルが作り上げた伝統だった。当時は4つの情報部門と一つの諜報機関があったが、それぞれが管轄をきちんと割り当てられ、それに沿って任務を果たしていた。軍の情報機関アマンは軍事的情報だけに集中する。シャバック（シン・ベット）は国内担当、モサドは対外情報収集と特別工作担当といった具合でハレルはこれらの機関を総合的に監視し、彼らがスムーズに任務を遂行できる潤滑油の役割を果たした。建国以来15年間イスラエルでナンバー2の地位にあったハレルにして初めてできたことだった。

　1967年の6日戦争の直後、それまでスムーズな関係にあった情報機関の間に亀裂が生じ始めた。ハレルは既に4年前に引退。ハレルの唯一の上司で1948年の独立からイスラエルの存続のためにすべてを捧げてきたデヴィッド・ベングリオン（初代首相）も引退。後任の首相はレヴィ・エシュコルでベングリオンと同じマパイ党員。彼が首相になって4年目に勃発したのが6日戦争だった。1969年に彼は引退し、その跡を継いだのがアラインメント党のゴルダ・メイア。彼女は初の女性首相として非常に人気があった。それだけではない。決断力、政治的マヌーヴァー（策略）のうまさ、信念の強さなど、政治家として、また人間としての要素に国民の信望が厚かった。〝鉄の女〟という異名を初めて与えられたのも彼女である。いつしか彼女はイスラエルの母と呼ばれるようになる。

就任から4年目、彼女は運命的な試練に直面する。ヨム・キップル戦争（第4次中東戦争）である。戦争の2年前からその兆候はあった。先に述べたように、エジプトやシリアがソ連から大量の最新式武器を購入していたし、サダトはナセル時代からエジプトに駐在していたソ連人軍事顧問を一時大幅に増やした（戦争前にサダトはソ連人を追放したがそれも彼の深謀遠慮の一部だった）。

1972年からエジプトとシリアは軍事演習を始めた。翌年に入るとその演習の規模が次第に膨らんだ。

これに対してイスラエル側はまたルーザーたちが無駄なことをやっているぐらいにしか思っていなかった。当時は情報機関の亀裂が決定的となり、軍情報部であるアマンが実権を握り、彼らの情報や主張が最もクレディビリティ（信頼性）があるとされていた。不幸なことにモサドの信頼度はオール・タイム・ロウの状態に陥っていた。1967年の6日戦争での大勝利を当時のイスラエル国民はモサドの迅速かつ正確な情報のおかげと感謝していた。モサドがある限りイスラエル国家は安泰と政治家も国民も信じていた。しかし1972年から73年にかけて、モサドに対する国民の意見は180度変わる。

まずミュンヘン・オリンピック開催直前にオリンピック選手村で11人のイスラエル人選手

とコーチが殺された。これに対してイスラエル国民はモサドを責めた。オリンピックでのセキュリティは主催国の警察や情報機関の管轄に入る。あの場合はドイツＢＮＤ（連邦情報部）やＭＡＤ（軍カウンターインテリジェンス）、または地元のミュンヘン警察。しかし、いくら国民に責められてもモサドは何のエクスキューズもしなかった。これはハレルが残した鉄則でもあった。

「モサドは宣伝機関ではない。誉められても責められても決して反応してはならない」――。

オリンピックが終わった直後からモサドは動き出した。これについては前述したが、モサドの大失態については触れていなかったのでここで説明したいと思う。

キドン（モサドの暗殺部隊）は正確かつスピーディに敵を消していった。だが、大失態は１９７４年７月、ノルウェイのリレハンメルで起きた。その街でミュンヘン虐殺の主犯であるアリ・ハッサン・サラメがレストランのウェイターとして働いているとの情報が入った。モサドはすぐに処刑部隊を送ったが、そのチームにキドンのメンバーは一人もいなかった。オリンピックが終わってすぐにキドンはテロリストたちを追ってヨーロッパや南米、アフリカなどに飛んでターゲットを次々に除去していた。彼らの精神的、肉体的疲労はピークに達していた。もしこのミッションを続けたらさすがのキドンもいつか緊張が切れて精神的障害に陥るリスクがある。モサド長官のズヴィ・ザミアは彼らに休暇を与えることにした。本部に残っていたのは事務員や新人だけだった。長官はリレハンメル行きのヴォランティアーを募った。女性2人を含めて総勢6人が志願した。一人を暗殺するのに6人は多すぎる。キドンだったら2人で十分だったはずだ。

6人全員がカナダのパスポートでノルウェイに入った。しかしそのアマチュアー・チームは失敗した。ターゲットを間違え、全然関係のないモロッコ人のウェイターを殺してしまったのである。その上5人は捕まり裁判にかけられた。それだけならまだ救いがある。だが彼らはモサドであることと、その任務の内容を吐いてしまったのだ。このニュースは瞬時に世界で報道された。モサドの大スキャンダルとして国際社会及びイスラエル社会から轟々たる非難に晒された。イサー・ハレルやメイヤー・アミットの時代には考えられないことだった。結局、ターゲットとなったモロッコ人の妻と子供たちには賠償金が支払われ、5人は釈放された（もちろん、モサドはアリ・ハッサン・サラメを諦めたわけではなかった。1979年、彼がベイルートに潜んでいるという情報を得て消してしまった。ミュンヘン事件への復讐劇は1992年、パリでPLO諜報局トップが暗殺されたところで一旦幕を下ろしたかに見えたが、モサドは今でもナンバー2が生きているのかどうか調査しているという）。

リレハンメルの大失態はモサドの士気を一時的にとはいえ落とした。前述したように当時は情報機関の間に亀裂が入り、軍情報部のアマンが中心となってモサドは脇に追いやられたかたちとなった。それまでアマンは軍事的情報を収集することを専門としてきたが、もはやそれだけではなく経済、政治、外交、科学、カウンターインテリジェンスの分野にまで入り込んできた。アマンの長官であったアーロン・ヤリーヴ少将は情報や諜報に関して、ハレルやアミットとは正反対の考えを持っていた。情報機関だからといって何もかも隠す必要はない。秘密は少ないほうがいい。それより国民に機関の存在とその任務をオープンにして彼らの理解と支持を得るべきだとした。

極言すればマスコミに登場して名前を売ろうということだ。なにしろバックに国防大臣のダヤンがついているのだから鼻息も荒い。ダヤンは生粋の軍人で数々の武勲で知られる。モサドはシビリアン（文民）であるイサー・ハレルがリーダーとなって世界的な諜報機関にのし上がった。それがダヤンには面白くなかった。

こうなると何か失態が起きるとすべてモサドのせいにされる。

リレハンメル事件から約1か月後、ベイルート空港から一機の旅客機がヨーロッパに向かって飛び立った。数分後、その旅客機にイスラエルの戦闘機が近づいてきて南下するよう指示した。着陸したのはイスラエルのネゲブ砂漠にある軍の空港だった。これは完全な違法行為であり、国際的にも許されていない。客たちはタラップから降りるように指示され一人ひとりがボディ・チェックを受けた。チェックが終わると客たちは機内に戻され、その機はベイルートに発った。

なぜイスラエル空軍は犯罪行為とも言えるこのようなことをやったのか。

乗客の中にテロリスト集団ＰＦＬＰ（パレスチナ解放人民戦線）のリーダーであるジョルジ・ハバッシュがいるという情報を得ていたからだ。しかしチェックの結果、ハバッシュはいなかった。

他国の旅客機を緊急着陸させたこの無謀な行為の情報はすぐにベイルートから世界へと広がった。イスラエル国内では情報源はモサドとされた。だが、実際はヤリーヴのアマンだった。ダヤン国防大臣が自ら命じたハイジャックだったのだ。

しかしこの件でもモサドが責められ、そのことへの言い訳はなかったのである。

モサドのクレディビリティ失墜とアマンによる管轄と権力の拡大……この時点でヨム・キップル戦争でのイスラエルの緒戦敗北は決定的となっていた。

平和を求めたサダトのヴィジョン

戦争で一番危険なのは相手に対して先入観を抱くことである。当時のイスラエル政府はその先入観の虜となっていた。発信元は軍の将軍たちとアマンの新しい長官エライアフ・ゼイラ将軍、そしてダヤン国防相。彼らは先入観の塊だった。その先入観とは、①アラブには戦争をする力はない。過去3度の戦争、特に1967年の6日戦争で受けたダメージから彼らは立ち直っていない。②いくらソ連から最新のミサイルや武器を与えられてもアラブの兵士にはそれを使うノウハウがない。③様々な演習を行なっているが、それはただイスラエル軍を緊張させるのが目的で、いつでも彼らは戦えるというジェスチャーを見せているだけ。④彼らの動きに反応して予備兵を集めて戦争の準備をすれば、イスラエルが経済的ダメージを受けるだけ。⑤彼らの動きにいちいち反応していたら笑い者になるだけ。現状から見て彼らは決して戦争を仕掛けてはこない。

こうした思い込みがあまりにも強かったため、アマンの若手エージェントが新しい情報を集めても上司は無視した。

こういう先入観をイスラエル側が持つことをまさにサダトは狙っていたのだ。だから演習を少しずつ拡大し、兵士の数も増やしていった。1973年の6月にはエジプト軍とシリア軍はイスラエルとの国境に兵力を集めて演習に入った。そして軍参謀本部を使ってヨーロッパや中東のマスメディアにディスインフォメーション工作を始める。いわく、我々はイスラエルと今戦うつもりはない。負けるからだ。いわく、我々の兵士は若くはあるが戦場の経験がない。いわく、ソ連製の武器にまず慣れることが先決である、などなど。

こういう言葉を聞くとイスラエル側は本来、常にその逆を考えるのだが、この場合に限っては自分たちが思った通りだと受け止めてしまった。思い込みはそこまで強かったのだ。

ただ、モサドだけは違った。ヨーロッパや中東で活動するエージェントたちからは毎日〝戦争避けられず〟の情報が入ってきていた。かつてのエジプト大統領・ナセルの娘婿アシュラフ・マルアンもモサドのスパイだった。その頃既にモサドは戦争が必ず起こるという情報を400以上得ていたのだ。モサド長官のズヴィ・ザミアは何度も首相のゴルダ・メイアに会って戦争の危機が近づいていることを強調した。しかしメイアはほとんど無視。彼女も先入観の虜になっていたのだ。それも無理はなかった。毎日ダヤン国防相やアマンの長官に戦争は決して起こらないと吹き込まれていれば、それは洗脳と同じだ。

アメリカのCIA対外工作部もエジプトとシリアが戦争に踏み切るという情報を彼らのソースから得ていた。戦争が始まる3日前、CIAはアマン長官宛に〝アラブは戦争を起こす〟という情報を送ったが、アマン側はただ一言〝我々はそうは思わない〟と返した。CIA側はそれきり何も言わなかった。こと情報収集にかけてはCIA以上とされるイスラエルが言うのだから、彼らなりに考えがあるのだろうと思ったのかもしれない。戦争が終わった時、CIA対外工作部の幹部3人が解雇された。

しかしモサド長官のザミアは諦めなかった。1973年10月6日の早朝、彼はヨーロッパに飛んでロンドンに住むマルアンをはじめ多数のエージェントに会って最終的結論に達した。そしてイスラエル大使館からゴルダ・メイアに緊急暗号電報を送った。

「戦争は今日始まる」――。

しかしメイアもダヤンもザミアが期待した反応は示さなかった。アマンのゼイラ将軍は正午過ぎに記者団の要請でブリーフィングを行なった。様々な質問に答えていたが、話の中心はアラブとの戦争だった。結論としていつもと同じことを繰り返した。〝アラブは攻めてはこない。戦争は起こらない〟。その言葉が終わった途端、空襲警報が鳴り始めた。テル・アヴィヴの上空には10機以上のミグ21が舞っていた。権力者たちが抱いていた思い込みは完全に破綻したのである。

イスラエル軍は戦争勃発から3日にしてエジプト軍とシリア軍の進攻をストップした。そしてアメリカの仲介で停戦となった10月28日にはイスラエル軍はダマスカスから40㎞、カイロから１０１㎞の地点に達していた。しかし国民には喜びよりショックのほうが大きかった。万全だとされたイスラエルのセキュリティと無敵神話が根本から崩れ去ったのだ。その原因を調査するためのアゴラナット委員会はゼイラ将軍をはじめ何人かの軍上層部の解雇や左遷を行なった。首相のゴルダ・メイアや国防大臣のダヤンは辞職。

これだけのパージは前代未聞だった。

ここでのレッスンはいくら重要な情報を諜報機関が集めても、それを使う政治家や軍のリーダーたちが無視したら意味がないということ。ましてや思い込みに凝り固まってしまっているリーダーに救いの余地はない。

一方のサダトはこの戦争から何を得たのか。前に少し触れたように彼にはヨム・キップル戦争を始めるポズィティヴな動機があった。その動機とはイスラエルとの半永久的な平和と包括的な中東和平。平和のために戦争を起こすのは一見矛盾しているように思われるが、これがサダトのヴィジョンに基づくパワー・ポリティックスだった。

キッシンジャーの回顧録によると、開戦と同時にサダトから秘密のチャンネルを通じてメッセージが送られたという。それは〝我々の軍はシナイ半島のごく小さな部分だけを占領する。それ以上戦線の拡大はしないが、それはアメリカが停戦交渉の主役となるのが条件である〟というものだった。キッシンジャーにはピンときた。サダトはアラブの大義を捨て共同作戦のパートナーであるシリアを裏切ろうとしているのだ。それだけではなくエジプトを支持してカネや応援を送り込んだサウジアラビアやイラク、アルジェリア、北朝鮮、チュニジア、リビア、キューバなども蚊帳の外。明らかにサダトはアメリカの介入を求めていた。しかしなぜメッセージ送付に攻撃の最初の日を選んだのか。最初からやる気がなかったのか。しかしやる気がない戦争に兵士たちの命を懸ける馬鹿はいない。

その謎は1973年11月6日、キッシンジャーが初めてカイロでサダトに会った時に解けた。10月28日にイスラエルとエジプトは停戦合意に達したものの、兵力の撤収が問題となり、両国は少しでも有利な立場になるために戦闘が続いていた。キッシンジャーとサダトの会談はアドヴァイザーや通訳抜きのサシ（一対一）で行なわれた。まずサダトが兵力撤収にイスラエルを従わせるべく、プレッシャーをかけるよう迫った。キッシンジャーは、イスラエルはアメリカの属国ではないのでそれはできないと答える。もしそれができないならエジプト軍は全力をあげてイスラエルを攻撃するとサダト。そうなったら酷いことになるとキッシンジャー。暗にアメリカ軍の介入を臭わせたのだ。議論は1時間以上続いた。最後に折れたのはキッシンジャーだった。「2か月くれれば必ずイスラエルを説得する」と約束したのである。

会談が終わった時、サダトは、

「これで第4次中東戦争を起こした甲斐があった」

と言ったという。これまでアメリカは中東問題に誠意を持って本気で介入したことはなかった。しかしこの時に初めて、ヘンリー・キッシンジャーというスーパー・ディプロマットが登場してきた。彼なら和平の道を必ず開いてくれるとサダトは信じたのだろう。

キッシンジャーは約束をきちんと守った。エルサレムとカイロを、いわゆるシャトル外交で結びつけた。その後の両国の関係が進展したのは言うまでもない。

エジプト大統領だったサダト氏(上段左)は米国務長官だったキッシンジャー氏(上段右)とハイレヴェルな駆け引きを繰り広げた(下は左からイスラエル国防大臣だったダヤン氏と同首相だったメイア氏)。

１９７７年、サダトはアラブのリーダーで初めてエルサレムを訪問。クネセット（イスラエル議会）で演説した。翌78年、アメリカのキャンプ・デーヴィッドではカーター大統領の仲介でキャンプ・デーヴィッド合意に至る。１９７９年にはエジプトとイスラエルが平和条約に署名。アラブ諸国はサダトを憎み、裏切り者と罵った。エジプトはアラブ・リーグから追放された。だが、そんなことはサダトの想定内だった。

第４次中東戦争からわずか６年でこうした和平が達成されたのである。戦争を始めた時からサダトはここに至るヴィジョンを持っていたのだろう。これほどケンカの上手なリーダーは、現在の世界では皆無と言っていい。

１９８１年10月６日に彼は軍事記念日のパレードの最中にイスラム狂信者の兵士たちに殺されたが、その死に顔には微かな笑みが残っていたという。憎しみの大地・中東に、真の平和をもたらすために戦ったアンワル・エル・サダト。その名は永遠に歴史に残るだろう。真のリーダーは命を惜しんではいけないのだ。

情報を先入観の補強に使うな

先述の通り、イスラエルの失敗からも学ばなければならない。

心理学の世界に「確証バイアス」という言葉がある。先入観に基づいて物事を見ていると、自分に都合のいい情報だけが頭に入ってきて、都合の悪い情報はすべてシャット・アウトされる状態だ。見たいものしか見えなくなり、間違った先入観や希望的観測がどんどん補強されてしまう。メイアもヨム・キップルに奇襲を受けることを望まないがために、正確な情報が目の前にあったのにそれを活かすことができなかった。しかし、サダトの立場に立てば、ヨム・キップルは最も攻撃に適した日である。子供の戦争ゲームでもわかりそうな簡単な理屈だ。それが見えなくなっていたのだから、メイアには国家と国民の安全を担う資質がなかったと言われても仕方ないだろう。

自らの先入観を補強するだけの思考サイクルはとても楽だ。自分の考えや判断が正しいのかを真摯に検証することで生まれる葛藤や苦しみから逃れられるからだ。だが、国家のリーダーには許されないことである。優秀な諜報機関は、時に政治家にとって耳障りな情報を報告してくる。そういった情報こそが本当に重要なのであり、「ケンカ」に勝つために不可欠な武器となり得る。リーダーが危機の到来を告げる情報から目を背けていては、勝てる「ケンカ」にも勝てなくなる。インテリジェンス機関を束ねる者には、思い込みに縛られない冷静な判断力と、保身を考えずに毅然と決断し、間違えた時には責任を取る覚悟が必要となる。

我々も見たくない事実にきちんと目を向けよう。日本の現状を見ると、足りないのはインテリジェンス機関だけではないことがよくわかる。

２０１０年に起きた尖閣諸島沖漁船衝突事件の際に、公務執行妨害で逮捕した中国漁船の船長を不起訴処分にして釈放したことがあった。時の首相の菅直人や官房長官だった仙谷由人は「中国を刺激したくない」「直後にあるＡＰＥＣ（アジア太平洋経済協力会議）の議長国として、中国が欠席するような事態は避けたい」といった近視眼的な保身に走った。また仙谷は不起訴・釈放という処分について「那覇地検の判断だ」と言い放って逃げを打った。間違った決断をしただけでなく、政治判断の責任を取る覚悟さえなかったことがよくわかる。

また２０１２年の総選挙で政権を奪い返して首相の座に就いた安倍晋三についても、政治的立場は菅や仙谷と正反対だとはいえ懸念が拭えない。保守層から持ち上げられ、インターネット上でナショナリズムを煽る過激な書き込みをする者たちからの支持に気をよくしているようではいけない。これも自分に都合のいい情報しか目に入れていない弱いリーダーの兆候だ。野党のトップであればそれでよかったかもしれないが、国家のリーダーとなれば追い詰められた状況での判断も迫られることになる。外交・安全保障にまつわる問題は自分の都合だけで進められるものではない。衆議院で３００議席を持っていても、フェイスブック上でいくら「いいね！（like!）」の数を増やしても、それは変わらない。自分に不利な情報に目を向けることはもちろん、自分と意見の異なる者や、時には政敵の声にも耳を傾ける懐の広さが求められる。安倍首相がギリギリの状況でどれだけ力を発揮できる男なのか、私は正直、疑問を持っている。

「政治不信」という言葉が根付いて久しい。確かに永田町では毎日のようにレヴェルの低い議論が繰り返されている。だが、選挙を通じて選ばれた政治家は日本人を映した鏡でもある。リーダーを選ぶ日本人自身が「何が本物なのか」を見極める目を持つようにならなければ、いつまで経ってもこの不信は解消されないだろう。「ケンカ」のできるリーダーを育てられるのは国民だけなのだ。だからこそ国民一人ひとりが「ケンカ」の術を身につけなければならないのだが、その話は後章に譲る。

「ケンカ」のできるリーダーとはどのような資質を持つ者なのか？　問題の先送りと保身ばかり考える政治家ではもちろんお話にならないが、逆にただ単に居丈高に振る舞って近隣諸国を刺激する政治家や、すぐに武力行使に走ろうとするようなリーダーを持つ国も、真の「ケンカ国家」とは言えない。ギリギリの駆け引きの中で、手にした武器を正しく使って国益を守る判断ができるか。指導者にはその点が問われる。第2章で紹介したキューバ危機の時のケネディの行動が良い手本である。

また、優秀なリーダーと諜報機関を持った上で、彼らの間に信頼関係が構築されていることも「ケンカ」に勝つ条件だ。先のイスラエルの例のように政治家の勝手な思い込みで正確な情報が黙殺されてはならないし、逆に邪《よこしま》な意図によって情報がねじ曲げられることもあってはならない。2003年のイラク戦争に先立って、CIAは「イラクに大量破壊兵器がある」という報告を大統領のブッシュに上げていたが、今ではその情報が間違っていたことが判明している。CIAと大統領のどちらに〝意図〟があったのか（あるいは両方にあったのか）は明らかではないが、間違った情報を元に戦争に突っ込んで勝てるのはアメリカのような圧倒的な軍事力を持つ国だけだ（もちろんイラク戦争が本当の意味で「アメリカの勝利」だったかは議論の余地がある。現在のイラクは混沌の只中にあり、アメリカの望んだ未来がやってきたとは言えない。しかも、アメリカの国際的な信頼＝国益も大きく損なわれた。サダム・フセイン体制を倒すという目的だけは達成されたのだが）。

前出の元モサド長官のイサー・ハレルは、「国のリーダーと諜報機関の関係」についてインタビューで興味深い答え方をしていた。私は、「諜報機関のトップが、上に報告する情報をコントロールすれば、その国の指導者を操ることができるのではないか?」と問うた。ハレルの答えはこうだ。

「そんな情報に乗っかる指導者は失格だし、そんな情報を流す情報局の長官も失格だ。自分のことではなく国家のことを考える者ならばそんなことはしない」

国家のために尽くすという強い意思と能力を、指導者と諜報機関の双方が兼ね備わって初めて本当の「ケンカ」ができるのだ。少なくともハレルのような人物にとってはそれが自明の理だった。

鉄の女・サッチャーが過ごした眠れない日々

ここまでに挙げた条件を満たす、国益を守るための真の「ケンカ」のできるリーダーは孤独だ。権力の高みにありながら、逃げや保身に走らない覚悟を持ち続けることは容易ではない。そうした条件を満たす稀有なリーダーとして、イギリス初の女性首相であり大国のトップを11年務めたマーガレット・サッチャーを忘れてはならない。1982年のフォークランド紛争では、南大西洋に浮かぶ英国領フォークランドを守るために、アルゼンチンの侵略に対して毅然とした対応を貫いた。

当時のアルゼンチン側の侵略の背景について説明しておくと、大統領のガルティエリ率いる軍事政権は、長引く政争と不況で高まった国民の不満のはけ口を探していた。その答えが外国領への侵略だったというよくあるパターンだ。国内の政情不安を覆い隠すためにナショナリズムを煽り、近隣諸国に強硬姿勢を取ることは、21世紀の世界でも珍しいことではない。現在の中国や韓国、北朝鮮がまさにそうだと言えるだろう。念のため付け加えておくと、こうしたやり口は目指すべき「ケンカ国家」の在り方とは違う。ただのならず者国家である。リーダーが保身だけを考えて強硬な行動に出ているのだから、国益を損なう結果にしかなりようがない。目の前の支持率や人気のために過激なことを言ったりやったりすることは、リーダーの強さではなく弱さと頭の悪さを示していると覚えてもらいたい。

そうしたならず者のアルゼンチンによって領土を踏みにじられたという一報を受けたサッチャーは、即座にイギリス軍をフォークランドに派遣した。「ケンカ」に勝つにはスピーディでなければならない。サッチャーはそれを知っていた。そして2か月あまりにわたる激闘の末に、アルゼンチンを自国領土から撤退させたのだ。

この時のイギリス軍派遣には、国連もアメリカも反対した。当時のアメリカ大統領はサッチャーと盟友関係にあるロナルド・レーガンだったが、その友人からの電話による説得にもサッチャーは応じなかった。領土を蹂躙されて反撃をしなければ、いくらその後で国際機関やアメリカが説得しようとしたところで、ならず者国家は応じない。その現状が固定化されてしまえば、領土が奪われることになる。サッチャーは、領土は国家の基盤であることもよく理解していた。民主主義国家であるイギリスが、軍事独裁政権の野放図な振る舞いを放置することは許されないと確信していたのである。

この紛争の中で、「人命に代えても領土を守る」と断言したサッチャーは「鉄の女」と呼

サッチャー元英首相への筆者のインタビュー。強い意志と優しさを兼ね備えたリーダーだった。

ばれるようになった。しかし、私の印象はその呼称とは違っている。その点は是非とも強調しておきたい。彼女は繊細な心の持ち主であり、決して勝手な思い込みで蛮勇に走る政治家ではなかった。首相退任後にインタビューしたことがあるが、彼女は１９８２年当時の心境を、「毎日、心臓が刺される思いだった」と語っていた。

朝になると部屋に必ずアシスタントがやってきて、フォークランドで前日に何人のイギリス人兵士が戦死したかを伝えていったという。朝が来るのが恐ろしく、眠れない日々を過ごしていた。

「（死んだ兵士の数を）聞く度に鳥肌が立ちました。人生の中で最も辛い、まさに地獄の日々でした」

彼女は当時をそう振り返った。私が心から敬意を抱いたのは、国民の前に立つ時のサッチャーがそうした悩みをいささかも見せなかったことだ。「ケンカ」をするリーダーがいかに孤独に耐えなければならないかを垣間見た瞬間であった。

ポピュリズムに走らない強さを持て

フォークランド紛争はわかりやすい一例だが、サッチャーの「ケンカ」の相手はアルゼンチンの軍事政権だけではなかった。他国との軍事的な衝突以外でも、彼女は「ケンカ」から決して逃げなかった。

サッチャーの政治家としての歩みを振り返ることで我々は多くを学べる。

フォークランド紛争後、領土を守ったサッチャー政権は70％以上の支持率を記録したが、そもそも就任当初は彼女がイギリス政界史上屈指の〝不人気宰相〟であったことをご存じだろうか。今でこそ、英国史に名を残す女性首相として高く評価されている彼女の就任当初の支持率は、わずか23％だった。この数字は、それまでのどの英国首相よりも低かったのである。

彼女が首相に就任した1979年のイギリスの社会・経済は〝重い病〟を患っていた。基幹産業の多くが国有化され、手厚すぎる社会保障制度が設けられた結果、労働組合の力ばかりが増し、全国で大規模なストライキが続出。税収はみるみる減り、財政赤字は膨らむばかりだった。かつて七つの海を支配した大国の社会は疲弊しきって、政治への不満も極限まで高まっていた。いわゆる「英国病」である。それが悪化するとどうなるか、現代の私たちはギリシャやいくつかのヨーロッパ諸国から学ぶことができる。現在の日本もまた、当時のイギリスと同じ道を進んでいると指摘されており、その意味でもサッチャーの決断は注目に値する。

サッチャーという政治家はそんな逆境の中でポピュリズムには走らなかった。

世論調査の数字に惑わされず、目先の人気よりもあるべき国家の姿を取り戻すための「ケンカ」を優先させた。国営企業を次々と民営化し、労働組合と徹底的に対決して既得権を奪い、減税や規制緩和によってイギリス社会に活力を取り戻した。もちろん代償も反発も大きかったが、次第に国民はその効用を評価するようになった。そうして3度の総選挙を勝ち抜いたのだ。サッチャーが首相を退任した後の90年代に入ってイギリス経済は復活したが、その礎を築いたのが彼女の取り組みであったことは言うまでもない。比べて論じるのも不愉快だが、現アメリカ大統領オバマのように低所得者層に阿《おもね》る政策ばかり打ち出して、痛みを伴う根本的な解決策を示さない男とは全く違っていた。

その「ケンカ」の中でも巨大な力を持っていた労働組合は強敵だった。特に炭鉱労働者の組合は、自分たちの既得権を保持するために暴力的なピケなどに打って出たが、サッチャーはひるまずに鉱山を閉じた。不況だからといって斜陽産業を保護すれば、改革はますます遅れ、国家は正しい道に進めない。財政も景気も悪化するばかりだ。経済合理性に反した組合の抵抗は結局、社会的な支持を得られずに瓦解。サッチャーは法改正を断行して制度面でも組合改革を進めた。油断なく、徹底的に戦う姿勢も持ち合わせていた。

「コンセンサス（合意）を取り付けるのは時間の無駄だ」

とはサッチャーの至言だが、政治家に必要なのは決断する力であり、決断が間違っていた時に責任を取る潔さである。目先の利益を守りたい既得権者たちの反発に対して、ひるまずに「ケンカ」をする力だと言い換えてもいい。

政治家サッチャーの人生は「ケンカ」の連続だった。

1925年に雑貨店の娘として生まれたサッチャーは、オックスフォード大学では化学を学び、1947年に卒業した。彼女の改革への姿勢の根本には、多分に科学的、合理的な思考プロセスがあるが、これは大学時代に培われたものだと私は考えている。大学卒業後は弁護士資格を取得し、1959年に下院議員に初当選。70年にヒース内閣で教育科学大臣に就任すると、教育予算の削減策を打ち出した。学業そのものに関連する予算は削れないと考え、7～11歳の児童への「ミルクの無償配布」を停止した。もちろん庶民には不人気な改革であった。

野党の労働党は〝ミルク泥棒（Milk Snatcher）〟と非難したが、財政の立て直しは急務だったので、彼女はひるまなかった。激しい批判によって彼女の人気は低下したが、それでも「ケンカ」から逃げなかった。その後も聖域化していた教育予算の無駄を削り続けた結果、母校でありアカデミズムの権威であるオックスフォード大学とも激しく対立。同大学はこれまで卒業生から26人のイギリス首相を輩出してきたが、その中で唯一名誉博士号を贈られなかったのがサッチャーである。彼女にとっては勲章や名誉よりも、国家再建が大切だったのだ。

「支持基盤との対立」を恐れない

そのサッチャーと強い盟友関係にあった第40代アメリカ大統領のロナルド・レーガンもまた、「ケンカ」のできるリーダーだった。フォークランド紛争の際にはサッチャーを説得しようとして失敗したものの、2人はお互いを「マギー」「ロン」と呼び合う仲で、強い信頼関係は生涯変わらなかった。

1986年のアメリカによるリビア空爆は、この2人の連携が活かされた事例であった。リビアの独裁者カダフィが背後で動いていたとされるテロ事件がヨーロッパで頻発。ついには西ベルリンの米軍兵士が集まるディスコで爆弾テロが起きた。アメリカ人に死者が出るに至ってレーガンはリビア空爆を決断する。反米の姿勢を隠そうともしないならず者を野放しにすれば、ますます図に乗るだけだ。

それに対し、慎重姿勢を示す西側諸国（慎重というより、カダフィのテロリストの復讐を恐れていた。フランスやスペインなどは自国の領空をアメリカ空軍が使うことさえ禁じた）。その中で、サッチャーだけがレーガンへの協力を申し出た。結果、アメリカの爆撃機はイギリスの基地から飛び立ってリビアへ向かうことができた。この時、フランスとスペインは領空通過を拒否したため、ジブラルタル海峡を通る迂回空路を使わざるを得なかったのだが、サッチャーの協力がなければ空爆自体が不可能だったかもしれない。

レーガンはターゲットとしたカダフィを捕捉することはできなかったものの、首都トリポリとベンガジの拠点を空爆したことで、リビアの動きを封じることに成功した。スピーディな決断と実行はサッチャーのフォークランド紛争の際と重なってくる。

第2章で同盟国とて疑ってかからなければならないと書いた。それはもちろん大前提だ。レーガンとサッチャーにしても、「友達だから協力する」などというナイーヴな関係ではなかった。互いの国益のためにリビアを叩く必要があるという点で一致したのであり、さらに重要なのは互いに同盟国として相手を必要としていたことだ。この2人のように「ケンカ」をするための決断力と実行力を持っている場合は、多くのケースで利害関係が一致し協力することができる。それを繰り返すことで初めて本当の信頼関係が生まれるのである。

レーガンの政治家人生からも、我々は多くを学ぶことができる。

ハリウッド俳優から政治家へと転身したレーガンは1980年の選挙で共和党の大統領候補となり、現職大統領だった民主党のジミー・カーターに圧勝。翌年大統領に就任した。その1981年8月に起きた連邦航空管制官組合（PATCO）との「ケンカ」からは、サッチャー同様、信念を曲げない政治家であったことが読み取れる。

アメリカには連邦政府職員はストライキを行なってはならないという法律がある（タフト・ハートレー法）。ただし当時は法が破られるのは日常茶飯事であり、慣習としてストが事実上容認されていた。ＰＡＴＣＯも当たり前のように自らの要求を連邦政府に呑ませるためにストを打った。

レーガンはそれを許さなかった。違法行為であるストに突入した組合員たちに対し、48時間以内に職場に復帰しなければ解雇すると通告。多くの組合員たちはそれをブラッフ（はったり）だとしてストを継続したが、レーガンは制限時間を過ぎたところで実際に1万1359人もの管制官を解雇したのである。ストに参加した管制官たちの表情は一気に青ざめたが、後の祭りだった。レーガンはただちに新しい管制官の採用に動き、同時に軍の管制官を動員するなどしてその穴を埋めた。

驚くなかれ、ＰＡＴＣＯは前年の大統領選挙でレーガンを支援した数少ない組合の一つであった（アメリカの組合のほとんどは民主党を支援する）。たとえ自らを支持する組織であっても、ルールを破り国益を損ねる存在だと判断すれば、対立することから逃げない。正しい「ケンカ」のできる政治家のあるべき姿だ。

２００９年から3年あまり続いた日本の民主党政権は自治労や日教組といった組合を支持基盤としていた。民主党の総理大臣が、国益のために組合と激しく対立する場面はついに見ることができなかった。次の選挙の結果を気にして、単なる既得権団体に成り下がった組合の顔色をうかがい、国益のための「ケンカ」を避けてきたのである。レーガンの「ケンカ」と対比することで、民主党の政治家がいかに低レヴェルかが浮かび上がる。レーガンが最終的に歴史的大統領となり、日本の民主党が総選挙で壊滅状態になった差はそこにある。

当然のことながら、これからは同じことが自民党にも問われることになる。農協やゼネコン、経団連など、自民党の支持基盤には民主党以上に多くの既得権団体が名を連ねている。そうした団体との対立を恐れずに、国益のために必要な「ケンカ」に打って出ることができるだろうか。これから日本の有権者が注視すべき重要なポイントだと言える。

平和の配当のための軍拡

レーガンの功績としては米ソ冷戦を終わらせたことにも触れないわけにはいかない。そのプロセスを振り返ることで、「ケンカ」へ踏み込むことが平和を手に入れるという素晴らしきパラドクスが見えてくる。

レーガンが大統領に就任した当時の冷戦体制下において、西側ヨーロッパ諸国はソ連に強硬姿勢を示してはいなかった。安定化した対立構造のもと、「寝た子を起こす必要はない」

というスタンスだったのだ。レーガンは自らの信念に基づき、そこに真っ向から異を唱えた。「ソ連を甘やかしているだけであり、東側から与し易いと思われている」

レーガンはソ連を「悪の帝国」と名指しし、SDI（戦略防衛構想、俗に言うスター・ウォーズ計画）を打ち出した。ソ連と軍事費の積み増し合いという「ケンカ」を始めたのである。もちろん、レーガンには先にカネが尽きるのはソ連だという情報と計算があった。

実際、軍事費の肥大化に耐えきれなくなったソ連のゴルバチョフは歩み寄りを見せた。1985年にスイスのジュネーヴで、翌年にはアイスランドのレイキャヴィクで会談を行ない、ついに1987年にワシントンDCでの会談で中距離核戦力全廃条約の調印へと至った。この条約の最も大きなポイントは、ゴルバチョフにとって虎の子とも言えるSS-20中距離弾道ミサイルの廃棄だった。高い命中精度を誇り、西側諸国の大きな脅威となっていたミサイルを手放さなければならないほど、ソ連財政がレーガンの戦略によって逼迫していたということだ。東側陣営は求心力を失い、2年後にはベルリンの壁が崩壊、さらに2年後にはソ連そのものが崩壊した。

レーガンの軍拡路線には双子の赤字を膨らませたという批判もある。しかし、その後にアメリカ経済が成長し、新たな世界市場に出ていけたのはレーガンがソ連を崩壊させたことによる「平和の配当」に他ならない。90年代に入ってからアメリカは景気拡大と財政収支の黒字化を成し遂げた。その土台を作り上げたのがレーガンであった。
レーガンもそうだが、優れたリーダーは「ブリンクマンシップ（瀬戸際政策）」に長けている。

相手を崖っぷちに追い込んで、自らも危険を背負いながらギリギリのところまで踏み込み、緊張を高めた上で相手から譲歩を勝ち取るのである。キューバ危機において核戦争勃発の直前までいきながら平和を勝ち取ったケネディの「ケンカ」も、一見安定した均衡の中にあった冷戦構造に敢えて軍拡競争という刺激を持ち込むことで米ソ冷戦を終結に導いたレーガンの「ケンカ」も、ブリンクマンシップにおける勝利だったと言えるだろう。先に相手に譲ることを考えるのでもなく、無闇矢鱈と過激な行動に出るのでもない。ギリギリの中間地点を最後の最後まで探ることのできる能力が指導者には求められるのだ。

元々、ブリンクマンシップという言葉は１９５０年代にアイゼンハウワー大統領時代の国務長官だったジョン・フォスター・ダレスとソ連の外交について使われたものだった。冷戦中であり、互いが主張を譲らずケンカ外交が度々起きていた。ダレスの弟はＣＩＡの長官アレン・ダレス。アメリカの表と裏の対外事項を兄弟で握っていたわけだ。兄であるジョン・ダレスはＣＩＡや軍情報部からの極秘情報をフルに使ってアメリカのグラディエーターの役割に徹し、一方のソ連はモロトフ、シェピーロフ、グロムイコなどの外務大臣はＫＧＢやＧ

RUからの情報を武器に丁々発止のケンカ外交が展開された。外交がこれほど面白くドラマティックだった時代は後にキッシンジャーが現われるまでなかったと思う。

今日の世界では外交官や政治家の粒が小さくなったせいか、瀬戸際外交などという言葉は使われなくなった。しかし、日本のマスコミの一部は北朝鮮の外交を瀬戸際外交と名付けているのと聞く。さすが日本のマスコミだ。意味は知らないのに言葉遊びだけは達者だ。

北朝鮮に瀬戸際外交などはない。敢えて名付ければ物乞い外交、ゆすり外交、難癖外交といったところか。２０１１年に死んだ金正日はヒットラー同様、国家国民のためにポズィティヴなものは何一つ残さなかった。残したのは金正恩という後継者だけ。金正恩は指導者として経験もカリスマもないが、それだけに勝手な思いつきで突っ走る可能性があり、金正日より危険だと言える。

北の政府機関の中で今、一番忙しいのは宣伝扇動部だろう。金正恩を神格化せねばならないのだ。金正日の時もそうだった。将軍様、芸術、思想の天才、百戦百勝の剛鉄の霊将、人類の太陽などなど。ちなみに金正日には戦争の経験は一度もなかった。金正恩は既に元帥の称号を持ち、不世出の先軍統帥者、革命の最高指導者などと呼ばれている。宣伝扇動部がこれから金正恩に関してどんなコミカルな称号を創作するか楽しみである。

金王朝に瀬戸際政策が一つだけある。それは自国民に対してだ。金日成と金正日は徹底的に国民を鉄の抑圧と飢えに追い込んで数百万人を餓死させた。金正恩が突然、王朝存続主義を捨てて国民第一主義にギアー・シフトするとは思えない。

一つだけ付け加えれば金正恩よりも父親の金正日のほうが日本に対してチンピラ的ケンカは上手だった。日本政府による単独の対北朝鮮の経済制裁について、金正日はその制裁を宣戦布告と見なすと脅した。その後も拉致を巡って北朝鮮は調査すると何度も約束したが実現されず、拉致問題は解決済みと繰り返した。こういうチンピラ的ケンカに金正日は長けていた。それに比べると日本は脅迫やゆすりにいかに弱いことか。悲しいことだが、それもまた現実として我々は受け止めなければならない。現実を正確に認識した上で、日本が正しいブリンクマンシップを取れるリーダーを持てばいいのだ。

宥和主義はより大きな悲劇をもたらす

日本の現状について悲観的になりすぎることはない。変な言い方だが、世界にも「ケンカ」のできる本当のリーダーは多くない。むしろ反面教師とすべきリーダーこそ枚挙にいとまがないのである。そうした歴史から学ぶこともまた重要だ。

サッチャーやレーガンと同じイギリス・アメリカのリーダーの中にも「ケンカ」から逃げ

たために国民の安全や生命を危険に晒し、国益を逸した者がいた。

サッチャーの首相就任から遡ること42年。1937年にイギリスの首相に就任したのがネヴィル・チェンバレンだった。当時のヨーロッパではヒットラーが総統となったナチス・ドイツが存在感を増していた。チェンバレンはそのヒットラーとの「ケンカ」から逃げた。そしてそれが第二次世界大戦という20世紀最大の悲劇のトリガーを引いてしまったのだ。

チェンバレンの首相就任の翌年、ヒットラーはチェコスロヴァキア（当時）への侵攻準備を着々と進めていた。同国西部のズデーテン地方には多くのドイツ系住民が住んでおり、ヒットラーはズデーテンを手に入れて領土を拡大することを目論んだのである。戦争計画は公然と進められ、ヨーロッパ全体が緊張に包まれていた。

この時、チェンバレンはヒットラーの好き勝手な振る舞いに何ら毅然とした対応を取らなかったどころか、なんとチェコスロヴァキアに「ドイツにズデーテン地方を割譲すべき」と勧告したのである。事を荒立てずに相手の要求を呑めば、それで相手が矛を収めると考えたのだ。

これが悪名高い1938年の「ミュンヘン協定」だった。

ドイツ、イギリスに加えてそれぞれの同盟国であるイタリアとフランスという4か国のトップが会談し、ナチス・ドイツの要求を全面的に認める結論が出されてしまった。驚くべきことに、当事者であるはずのチェコスロヴァキアは会談のメンバーに入っていない。会談が終わった後に、協定書をチェンバレンから手渡されただけだった。

ヒットラーが戦争を始める構えを見せ、チェンバレンは開戦を恐れて譲歩した。だが、「ケンカ」から逃げて手にすることができるのは、その場限りのかりそめの平和だけだ。ヒットラーはズデーテンの獲得にあたってイギリスとフランスに「これ以上は領土拡大の要求を行なわない」と約束したが、もちろんそれは嘘であった。むしろヒットラーはミュンヘン協定によって、どんどん周辺諸国に進出してもイギリスやフランスは対独開戦に踏み切れないという確信を深めた。

協定から1年後、ナチス・ドイツはポーランドに侵攻。第二次世界大戦が勃発した。ズデーテン地方は優れた生産能力を持つ工業地帯であり、ポーランド侵攻にあたっての要衝でもあった。チェンバレンが衝突を避けてドイツに重要なエリアをタダで譲り渡したために、ヒットラーはもっと大規模な戦争を起こせたというわけだ。1年の〝準備期間〟をヒットラーに与えた罪も重い。第一次世界大戦の敗北により、ドイツには厳しい軍事制限が課されていた。それをヒットラーが破棄したのは1935年のことだった。つまりミュンヘン協定の時点ではまだ戦争の準備が完全には整っていなかった可能性が高い。早期にナチス・ドイツを叩いていれば、後の悲劇は起こらなかったかもしれない。チェンバレンという男の判断は、サッチャーがアルゼンチンのフォークランド侵攻に即応したことと、どこまでも対照的である。

チェンバレンのような男のことを宥和主義者（アピーザー）と呼ぶ。アピーザーの哲学は譬《たと》えて言えば「虎にステーキを与え続ければ菜食主義者になってくれる」と考えるようなものだ。馬鹿げていることは論を俟《ま》たない。虎はますます肥え太って力を増し、さらに大きなステーキを求めて凶暴化するだけである。宥和と平和は、字面こそ似ているが全く違う。多くの国では「宥和主義者」とは「ケンカ」のできない政治家への蔑称である。

情報を蔑ろにしたツケは大きい

歴史上、アメリカにおける「ケンカ」のできないリーダーといえば、レーガンの前任者であったジミー・カーターが有名だ。

カーターは、レーガンとは対照的に戦略なき弱腰外交を展開。同時に戦略なき急速な軍縮を進め、世界におけるアメリカの軍事的プレゼンスを大幅に低下させた。しかも諜報活動が大嫌いだったカーターはＣＩＡの予算と人員まで削ってしまった。「ケンカ」のために何が重要かを全くわかっていない大統領だったのだ。

カーターは任期中にそのツケを払わされることになった。１９７９年にイランで起きたアメリカ大使館人質事件である。

同年のイランでは欧米諸国を後ろ盾としていた国王のパーレビが国外に退去させられ、イスラム教シーア派の指導者であるホメイニを中心とする政権が成立していた（いわゆるイラン革命である）。この流れの中で、イランを逃げ出したパーレビが病気治療のためアメリカに入国。そのことに反発したイスラム法学校の学生たちが、首都テヘランにあるアメリカ大使館へと雪崩れ込んだ。大使館はたちまち占拠され、50人以上の館員が人質に取られた。学生たちがアメリカに渡った元国王をイラン政府に引き渡すよう要求を掲げて事態は硬直化した。

この危機にカーターは機敏に反応することができなかった。大使館というのは受け入れ国における治外法権となる。いわばそこはアメリカ国土と同じであり、占拠することは宣戦布告にも等しい行為である。にもかかわらずカーターがまずやったのは、元国王をアメリカ国内から中米のパナマへと移送するということだった。テロリストの要求を半分呑むところからスタートしているのだから、目を覆いたくなるばかりの「ケンカ」下手である。案の定そんな中途半端なやり方で人質が解放されることはなく、イラン側はアメリカ批判を強めるばかりだった。日本でも「人命は地球より重い」などと〝迷言〟を吐いてテロリストの要求を呑んだ馬鹿な総理大臣がかつていたが、それらの行為がどんな結果を招いたかを知る私たちにとって、「人命に代えても領土を守る」というサッチャーの言葉がますます重みを増す。

さて、カーターがようやく人質奪還作戦に打って出たのは事件発生から5か月以上経った1980年4月のことだった。同年は大統領選挙が行なわれる年であり、カーターは2期目を目指すためになんとか選挙までに人質を奪還しなくてはならなかったのである。繰り返してきたように保身のための行動は真の「ケンカ」ではないし、国益を守る結果にもつながらない。カーターもこの奪還作戦で大火傷を負うことになった。決行された人質救出のための「イーグルクロー作戦」は米軍史に残る大きな汚点となった。

4月24日にテヘランへと向かった人質救出部隊は、なんと大使館まで辿り着くことさえできなかったのである。しかも米軍のヘリと輸送機が衝突するという信じがたい事故を起こして兵士が8人死亡するという大失態を演じた。イラン側と対峙することすらなく、完全なる独り相撲で作戦は失敗に終わった。

原因はイランの砂漠の砂嵐だった。救出のための特殊部隊を運ぶ機体が不調となり、作戦遂行を断念。引き返そうとしたところでさらなる砂嵐に巻き込まれて味方同士が衝突したのである。現地の気候状況といった基本的な情報すら集められていなかったことや、砂嵐の中で飛行することが可能なタイプの機体を作戦に投入できなかったことが具体的な敗因と言えるが、そもそもカーターの軍縮、諜報機関の規模削減という大方針が招いた必然の結果だったことを見逃してはならない。

実はこの作戦が立てられるずっと前にイスラエルはカーターにあるオファーをしていた。そのオファーとはイスラエルの特殊部隊を投入してイランのコムに住むホメイニを誘拐し、彼とアメリカ人人質を交換するというものだった。当時のイラン国民にとってホメイニは神のような存在であったからイラン側はその条件を絶対に呑むとモサドは確信していた。地理的にはアメリカよりずっと近いし、コム周辺はホメイニがフランスから帰国して以来モサドの監視対象となっていたから攻撃部隊は迷路に入り込むこともない。投入される部隊はサェリト・マトカルと呼ばれる、世界最強とされる特殊部隊。2003年のイラク戦争勃発直前にイラクに入り、重要施設にミサイルを引きつける電磁気装置を仕掛けたのは彼らだった。アメリカの空爆の精度が90％以上と言われたのは当然である。1976年のエンテベ空港人質奪還もモサドとサェリト・マトカル部隊の共同オペレーションだった。100人以上の人質がいたがテロリストに殺されたのは3人。残りの人質を運ぶ輸送機は4000㎞を飛んで無事イスラエルに戻った。これらの他にも彼らが命を懸けたオペレーションは数え切れないほどある。彼らに比べたらアメリカのデルタやレンジャー部隊は足下にも及ばないと言っても過言ではなかろう。

イスラエルのオファーを受けていたらホメイニ誘拐工作の成功率は90％以上だったはずだ。しかしカーターはそのオファーを言下に断わった。弱いリーダーというのは何でも自分でしたがり、他国に借りを作りたがらない。国家国民の利益よりメンツを重んじる。だから信念や心の軸がない。多分カーターはモサドの名前は知っていたが、サェリト・マトカルについては聞いたこともなかったのだろう。

結果として自国の特殊部隊を使い大失敗を犯してしまった。

ちなみにイーグルクロー作戦失敗直後の4月30日には駐英イラン大使館占拠事件が発生した。アラブのテロリストグループがロンドンにあるイラン大使館の職員らを人質に取ったこの事件では、発生から6日目にイギリス特殊空挺部隊のＳＡＳ（スペシャル・エアー・サーヴィス）が大使館へ突入。作戦中に人質のうち一人が殺害されてしまったものの、26人の人質奪還に成功した。突入を決断し成功させたイギリス首相は誰あろうマーガレット・サッチャーであった。

暗殺をも恐れぬ覚悟

カーターは作戦失敗から約半年後の１９８０年11月の大統領選挙でレーガンに惨敗し、ホワイトハウスを去ることとなった。

私は現在のアメリカ大統領であるオバマもカーターの同類で、「ケンカ」のできないリーダーだと見ている。第1章で述べた2012年のリビアにあるアメリカ領事館襲撃事件への対応を見ればよくわかる。奇しくもレーガンが空爆を断行した同じリビアに対して、オバマは様子見の対応しかできなかった。カーターやチェンバレンと同じように、相手を刺激せずに問題を先送りしたがる傾向が強い。

ただし「ケンカ」ができない点では同じでも、カーターとオバマを取り巻く状況には大きな違いがある。カーターはイラン大使館人質事件の後の選挙で敗れたが、オバマは領事館襲撃事件の直後の選挙で再選されている。

弱腰外交で国益を毀損したカーターに対してアメリカ国民は票を投じなかった。そして選ばれたレーガンが「力による平和」を目指し、それを実現していった。しかし、32年後のアメリカ国民はオバマの失態を散々目の当たりにしながら、再びオバマを選んだのである。2012年の大統領選挙でオバマの対立候補となったミット・ロムニーは選挙期間中に「力による平和」というレーガンのフレーズを使った。当然、1980年のカーターvsレーガンの選挙戦を念頭に置いていたわけだが、アメリカ国民はそのロムニーを選びはしなかった。もちろん、レーガンとロムニーでは人間的な魅力に雲泥の差があるし、ロムニーはテレビ討論などでリビアの襲撃事件でのオバマの失敗をうまく突くことができなかった。それでも、オバマがホワイトハウスに居座ることがあっさり決まったことに、私はアメリカ社会の変質を見ずにはいられない。

第1章でアメリカは「ケンカ」のできない国になりつつあると書いた。「ケンカ」のできるリーダーとできないリーダーの実例を紹介したことで、私の考えをより深く理解してもらえたのではないだろうか。

もちろん「ケンカ」のできるリーダーになるには、それ相応の覚悟が必要だ。外敵に対しても、国内の既得権勢力に対しても、対立を恐れずに国益のための「ケンカ」を仕掛ければ、当然軋轢は生まれるし恨まれもする。

「ケンカ」のできるリーダーであるケネディ、サッチャー、レーガンに、さもありなんという共通点があるが、わかるだろうか。「暗殺者に命を狙われたことがある」という点だ。ケネディはあまりにも有名なように、1963年にダラスで実際に暗殺されてしまった。彼は巨大な既得権勢力である軍産複合体との対立を恐れず、大義なきベトナムでの戦いからの撤退を進めようとしていた。自らの理想のための「ケンカ」に突き進んだ結果、抵抗する勢力によって志半ばで命を奪われてしまった。弟のロバート・〝ボビー〟・ケネディも同様だった。ベトナムからの撤退とアメリカに根強く残っていた人種差別を撤廃するという信念を持って行動したが、大統領の椅子を目前にして凶弾に斃れた。

実際に命を奪われることこそなかったが、サッチャーも1984年にアイルランドのテロリストに狙われていた。宿泊したホテルに爆弾が仕掛けられ、幸運にも難を逃れたが、爆発によって5人が殺された。レーガンもまた大統領就任直後の1981年3月に暗殺未遂事件に遭っている。ワシントンDCのヒルトンホテルでスピーチを終えて出てきたところを狙撃されたのである。銃弾はレーガンに当たったものの、弾丸摘出手術により一命を取り留めた（手術前にレーガンが医師団に対して「君たちが共和党員であることを願うよ」とジョークを飛ばし、それに対して医師団のリーダーが「今日は我々全員が共和党員です」と返したのは有名なエピソードだ）。

サッチャーもレーガンもそうした脅しに全く屈しなかった。「ケンカ」のできるリーダーとはそういうものであり、むしろ屈しない強い意志を持っているからこそ、敵対勢力から命を狙われる。それが真のリーダーの宿命なのである。

初の黒人大統領としてオバマが当選した2008年には、「オバマ暗殺」が公然と懸念されていたことを読者諸兄は覚えているだろうか。何か革命的な取り組みをしようとすれば、反発する者たちが凶行に及ぶかもしれないと心配されていた。しかし、何も起こらなかった。当然のことながら選挙によって選ばれたリーダーが暗殺されるなどということは絶対にあってはならない。だが、暗殺されるという懸念自体がなくなったのは、オバマが「ケンカ」から逃げてきた一つの証左ではないかとも思える。

日本のリーダーにしても同じことが言える。今の日本で首相を暗殺しようと考える者はいないだろう。成功したところで、同じようなリーダーが跡を継ぐだけで何も変わらない。首相が何も決断せず、抵抗勢力が暗殺しなければならないと考えるほどの「ケンカ」も仕掛けていないのだから当然のことだろう。

EUの失敗を20年前に見通していたリーダー

暗殺はあまりにも極端な例だが、「ケンカ」をする時には決断に代償が伴う。敗れた時にはリーダーはその責任を取らなければならない。信念が貫けなくなるのだから地位に恋々としても仕方がないということもある。だから「ケンカ」のできるリーダーの引き際は潔いものだ。

ここでもまたサッチャーを例に取りたい。

サッチャーは1990年の保守党党首選において1回目の投票で勝利を確定できなかったために引退を決めた。選挙に敗れたのではない。彼女は自らの信念が貫けなくなる政治状況を理解し、それであれば首相の座にしがみついても意味はないと考えたのだ。自分の主義主張はいくら曲げてもいいから権力の座に居座りたい、と考える政治家たちとは天と地ほどの違いがある。

さらに言えば、当時の彼女が何を主張していたかを今になって振り返ってみると非常に興味深い。サッチャーは「欧州統合（EU構想）」に強く反対していたのだ。

ヨーロッパが共同の経済圏を構築し、同じ通貨を使い、助け合って発展していこうという構想に対し、彼女は真っ向から異議を唱えた。「欧州各国が競争によって互いを高め合っていくのはいい。しかし、助け合いではうまくいかない」と主張し続けた。国営企業を次々に民営化し、自由競争による発展を目指した信念と同じ着想である。

与党保守党の政治家や財界はサッチャーを猛烈に批判した。これが首相退任へとつながっていくわけだが、サッチャーはダウニング街10番地（首相官邸）を去るその日まで信念を曲げなかった。目先の人気にこだわる政治家であれば、信念を曲げて首相の椅子にこだわることもできただろう。実際、党首選の2回目投票に臨んでいれば勝利できた可能性は高い。だが、彼女はそれを辞退した。

この信念に対し、歴史は一つの答えを出した。

EUを危機が襲っている。ギリシャのような劣等生を加盟国にした結果、働かない国を助けるために勤勉な労働を続ける国が足を引っ張られている。今も各国はEUを守る戦いを続けてはいるが、「みんなで発展」という幻想が甘かったことは明らかだ。特に金融危機に対してこれほどまで無防備だったことは、当時の推進派がいかに統合のリスクを過小評価していたかを示しているし、一方でサッチャーの主張に確かな先見性があったことが20年以上の時を経て証明されたのである。現首相のキャメロンは2015年より後にはEUに残るかどうかの国民投票をすると言ったが、それまで彼が首相でいられるか疑問だ。

「ケンカ」のできる真のリーダーを選ぶのは国民だ。20年前のイギリスでは、リーダー本人ではなく周囲が選択を誤った。本当の「ケンカ国家」への道のりが、リーダーだけでも、情報機関だけでも進められないことを思い知らされる。国民全体が「ケンカ」の作法と覚悟を身につけた時に、真の「ケンカ国家」が生まれるのだ。

TPPから目を離すな

日本のリーダーの資質をどう判断し、今後どう選んでいくか。

一つの試金石となるのがTPP（環太平洋経済連携協定）を巡る動きだと考える。参加国の間で原則自由貿易が行なわれるというこの協定については財界が賛意を示し、農業関連団体などが反対を唱えている。国論が二分されたこのTPP問題は、現在の総理大臣が国益のための「ケンカ」ができるリーダーかを判別する貴重な機会となるだろう。

まずはＴＰＰの交渉のテーブルにつくかどうか。中身はこれから決めるのだから、そのための交渉にさえ参加しないというのは、明らかに「ケンカ」から逃げたことになる。言うまでもなく交渉は「ケンカ」だ。そのプロセスの中で日本の国益を守る術を探ればいい。どうしても納得のいく条件が得られないのであれば、そのことを確認した上で不参加を決めればいいだけだ。その決断を下す自信も度胸もない者たちが、「交渉に参加すればもう逃げられない」と最初から尻尾を巻いている。

私がＴＰＰに注目する大きな理由は国益のためというだけではない。自民党の重要な支持基盤に農協があるからだ。もちろん強硬にＴＰＰ交渉参加に反対している。だが、貿易を自由化したとしても農家に補助金を出して保護することは禁止されないだろう。アメリカを含め、参加国のほとんどは農業保護政策を取ってきた。それさえ否定するような協定を望む国はほとんどない。だとすれば、マーケットが広がるのは農業団体にとってもむしろチャンスのはずである。そうした前提も学ばずに不参加を闇雲に主張するのは思考停止に他ならない。結局のところ、農協は日本の農業の未来など考えていないのだ。日本の質の高い農産物を世界の新しい市場に送り出そうという気概など微塵もない。今のままの状態を維持して、既得権にできるだけ長くすがりたいだけなのである。そうした非合理的な主張を自民党に覆せるかが問われる。先に触れたように、レーガンは自らの支持基盤であっても理のない主張に対しては「ケンカ」を仕掛けた。同じことが安倍晋三や自民党にできるのかを見ておくことは、国内の政治とリーダーを見極める意味でも重要なのである。

交渉力も重要だ。TPP参加交渉では農業分野よりもむしろ医療や知的所有権、金融などの分野で条件闘争が激しくなるだろう。国益と国益のぶつかり合いだからタフなネゴシエーションになるのは必至である。アメリカとも対立しなければならなくなる。散々述べてきたように、アメリカの後ろをただただついていけばいい時代はとうに終わっている。ここでアメリカと丁々発止の議論をしてでも新しい関係を作っていけば、それが新しい時代の扉を開く第一歩になるのではないかとも思う。

TPP以外に、尖閣諸島を巡る問題への政権の対応ももちろん注視すべきだ。前述した通り、単なる人気取りのために過激な言動に出るのは「ケンカ」ではない。時には慎重に、したたかに作戦を練ることが必要だろう。ナショナリズムに凝り固まった連中は「自民党に代わったのに民主党と同じじゃないか！」と批判するかもしれない。しかし、そうした状況でこそ目先の支持率にこだわらなかったサッチャーのような信念と辛抱強さが問われるのだ。「正確な情報を最大限に活かす」「人気取りに走らずに信念を貫く」「目の前の軋轢を恐れずに長期的な国益を目指す」など、「ケンカ」のできるリーダーに課される条件は多くかつ厳しい。しかも日本は長く条件を満たすリーダーを持たなかったから、置かれた現状はさらに難しい。挽回するためには、この国に絶望せず、リーダーの一つ一つの挙動をチェックし、声をあげていくことが重要だ。

　国民一人ひとりが「ケンカ」とは何か、「ケンカ」のできるリーダーとはどういった人物かを学び、目指すべき「ケンカ国家」のイメージを共有する必要がある。簡単ではないが、ここに紹介した強く誇り高いリーダーたちの業績から学ぶことが、その一助となるだろう。

ケンカ国家論

第4章 日本人よ、打って出ろ！

真の「ケンカ国家」はリーダーだけでも、諜報機関だけでも作れない。日本人の一人ひとりが「ケンカ」の術を身につけなければ、その集合体である国家が「ケンカ」できるはずもなかろう。日本には「なるべく波風を立てない」というディフェンス重視の姿勢が蔓延している。それは政府や政治家というより、むしろ国民全体が抱える問題だと認識しておくべきだ。

日本人には「守りから攻めへ」というメンタル・スウィッチが必要であり、それができればグローバル化が進む厳しい時代を生き抜く力を得る。どれだけ早く「攻撃有利の時代」の到来に気付き、生き方を変えられるかが生死を分けるのだ。読者諸兄には、いち早くリスクを恐れずに挑戦する人生を歩み始めてもらいたい。

組織にしがみつくことこそがリスク

個人にとっての「ケンカ」とは何か。考え方は国家の「ケンカ」と同じである。単に殴り合いをしろということではない。「リスクを先延ばしにすることがさらに大きなリスクを招く」という原則を頭に叩き込んで行動することが大原則だ。長期的な目標を定め、それを達成するためには対立や軋轢を恐れない覚悟が重要になる。日本人は「バランス感覚」「コンセンサス」「和を乱さない」「思いやり」といった考え方を好む。それらは美徳でもあるが、同時にそうした気質によって目の前の「ケンカ」をつい避けがちだ。もちろん協調性や黙って自己犠牲を引き受けることが求められるシチュエーションもあるだろうが、対立から逃げてばかりでは根本的な問題はいつまで経っても解決されない。

人生の本質はギャンブルである。リスクを取らなければ勝つことはできない。

特に日本の若者たちに伝えたいのは、「今の状態を維持する」ことに意味などないことだ。日本は今、世界から「年老いた国家」と思われている。今のままでは衰えていく運命にある国で、未来を作るはずの若者が現状維持を志向しても、喜ぶのは〝逃げ切り〟を狙う老人たちだけだ。「守り」に入ったところで、守ろうとした地位や生活の基盤そのものが崩壊してしまえば何の意味もないではないか。

2012年春に入社した新入社員を対象に行なわれたアンケート調査（公益財団法人・日本生産性本部）の結果を見て、私は非常に残念に思った。「今の会社に一生勤めようと思っている」とする回答が6割を超えている。この数字は前年より約5ポイント増で、過去最高を更新したのだという。逆に将来について「自分で起業して独立したい」と答えた者はたった12％で過去最低の数字となった。

不況で職を失うことを恐れる守りの姿勢がここまで浸透しているのだ。就職先の希望ランキングで「公務員」がトップになるのと同じメンタリティである。目の前のリスクを恐れ、挑戦より安定を目指している。もちろん私とて彼らの気持ちはわからないでもない。明るいニュースなど何一つない時代に、自分はなんとか平穏無事な人生を送りたいと考えるのは当然かもしれない。日本の経済をメチャクチャにしてしまった先行世代への不満もあるだろう。しかし、公務員を志望したり、一度入社した会社にしがみつこうとしたりする「リスク回避」の戦略は、そもそも自分の人生を守るために正しい選択ではない。

至極単純な話で、こういう時代だからこそ、今勤めている会社が数年後にあるかどうかはわからない。パナソニックやシャープといった、日本人なら誰でも名前を知っている超有名企業の明日が危ういのだから、会社にしがみつくことがいかにリスクとなるかよくわかるだろう。それどころか、パナソニック、シャープなどの窮地は、むしろこれまで日本を成長・発展させてきた社会モデル、ビジネスモデルが崩壊したことを象徴していると考えたほうがよい。極端に言えば、過去に成功を収めた大企業に就職することや、これまでの日本で安定や権力の象徴だった公務員になることそのものが、これからの時代に取り残される一番大きなリスクだとさえ言える。そんな時代に会社の中で出世するスキルだけを磨いても何の汎用性もない。沈み行く船の中で、お山の大将になってもコメディである。

若い前途ある日本人は、今こそ会社に頼らなくても生きていける人脈やスキル、知識を身につけて、新しいビジネスを立ち上げるくらいの意気込みを持ち、安定を志向する自分に自ら鞭を打って挑戦の人生を進むほうが、目先の安定にこだわるよりもよほど合理的な生き方ではないだろうか。残念ながら、井の中の蛙が一生井戸の中で平和に暮らせる時代はとうの昔に終わった。だからこそ一刻も早く大海で生き抜く術を体得しなければならないのだ。

入った会社を必ず辞めなければならないということではない。ただ、健全な組織であれば、評価されるのは「会社を辞めても生きていける」実力を持った人間のはずだ。そうしたパワーを持つ努力を惜しまず、結果として組織の中で出世してもいいし、他の道を探ってもいいのだ。企業も生き残りのために変わらざるを得ない時代になっている。ただただ会社の中で生き延びることを目標にするような人材は、これまでの企業文化ではなんとかなっていたとしても、いずれは競争社会で淘汰されてしまうだけだ。少なくとも、これから何十年もそうした古い処世術で生きていける可能性はほとんどゼロだと思ってもらいたい。

看板に頼って生きることはとても楽だ。個人が終身雇用や年功序列賃金で守られ、企業も護送船団方式で業界秩序を守ることが何より重要だった時代はそれでよかったかもしれないが、これからは違う。世界は急速に変化した。日本人の頭の中だけが変化に追いついていない。大企業やお役所の名刺を持っていれば、目先の数年間は安泰かもしれない。だが、そこに頼る者たちの人生のリスクは高まるばかりである。

正しい英語力の磨き方

今さら言うな、と反発されそうだが、私は本心から「最近の若者は……」という十把一絡げのレッテル貼りを軽蔑する。そういう言い方をする年長者は、それこそ自分たちが生きた古い時代を賛美するばかりで新しい価値観や時代への偏見を持っているケースが多い。そして、そういう世代間の相克はいつの時代にもあった。私は若くても志を持って起業する人間や、レヴェルの高い研究に邁進する人間をたくさん知っている。ただし、そうしたリスクを取る優秀な若者の数は全体から見ればあまりに少ないと感じて不満なのである。それは前述の新入社員アンケートの数字からもよくわかる。

日本に対する「老人ばかりになって衰退していく国家」という見方を覆せるのは若者だけなのだ。だが、大企業の若手社員でさえ「海外への転勤は嫌だ」と言うのだと聞かされると溜め息が出てしまう。総合商社や金融業といった世界を舞台に活躍できる企業に厳しい競争の末に入った者でもそうだというのだから、この〝日本病〟は相当深刻だ。会社は頼るものではなく利用するものだ。会社のために働くのではなく、自分のために働かなければならない。世界に出ていくチャンスをみすみす逃すようなメンタリティでは、組織に甘えていると言われても仕方あるまい。なんと最近では、外務省の若手官僚からも「海外赴任は嫌だ」という声があるという。ここまでくればもはやブラック・ジョークだ。数年前に米ハーヴァード大学への日本人の新入生がたった一人になってしまったと報じられたことがあったが、同校にはかつて大企業や省庁が幹部候補を積極的に留学させてきた歴史があり、個人レヴェルだけでなく大組織さえ目先の瑣事《さじ》にとらわれて未来の人材育成をなおざりにしている実態がうかがえる。

ある企業の幹部が嘆いていたが、最近の若い世代は海外への赴任を「飛ばされた（左遷された）」と感じてしまうらしい。知らない土地で生活し、環境を変えることを不安に感じているのかもしれない。あるいは出世競争に置いていかれると感じるのか。しかし、勝ち残るためには目の前のリスクをチャンスだと考えるべきである。会社からカネをもらい、組織に守ってもらいながら海外で経験を積めるのだから、こんな幸運はそうそうないのである。

日本人が海外を恐れる大きな理由として、昔も今も言葉の問題が言われる。

私も学生時代にアメリカに渡った当時は英語の失敗が数多くあった。船でロスのロングビーチに着いた時、そこからどうやってペンシルヴァニアの大学に行くかが問題だった。懐には20ドルしかない。これではグレイハウンド・バスにも乗れない。波止場の近くにトラックの運転手が集まるダイナー（食堂）があったので、そこへ行って東部に向かう運転手を探した。カウンターで朝食を食べていた運転手がラス・ヴェガスまでなら行くと言う。50代に見える黒人だった。ダイナーを出る時、彼が「It's going to be a long drive. Don't have to go to a bathroom?（長い道のりだ。バス・ルームに行かなくていいのか？）」と気を遣ってくれた。私は「I am O.K. I took shower in the ship.」と答えた。彼が笑いながら、「I meant toilet.」と返した。バス・ルームを風呂場と覚えていた私は思わず笑ってしまった。彼も笑いながら、「お前、なかなかユーモアのセンスがあるな」と言ってその場を和らげてくれた。

ヴェガスまでは約５００㎞。その頃はまだ高速道路はなかった。灼熱の砂漠を左右に見て国道を突っ走る。たまにトラックや乗用車とすれ違うだけで人の姿はほとんど見えない。アメリカに来たのだという実感が湧いてきた。

テレンスというその運転手は話し好きだった。しかも話題が豊富だった。進駐軍の一員として日本に駐留し、朝鮮戦争にも参加したという。どんな質問をしても彼なりの答えで応じる。例えばアメリカ人の性格や考え方について聞くと、「アメリカ人と言ってもジェネライズ（一般化）はできないんじゃないかな。白人、黒人、アメリカン・インディアン、黄色人種など色々いるからな。ただ一つ言えるのはここアメリカでは自己主張しなければ生きてはいけない。日本人は礼義正しく控えめで遠慮深すぎる。日本ではそれでいいかもしれないが、ここじゃ通用しない。そこのところを頭に叩き込んでおいたほうがいい」と語った。アメリカには差別があるとよく聞くが実態はどうなのか？「酷いもんさ。俺は南部の出身なんだが、あそこではKKK（クー・クラックス・クラン）や白人至上主義者らが暴れ回っている。刑務所に入っているのは大部分が黒人。なぜか？　陪審員が全員白人だからだ。例えばある黒人がKKKに襲撃されて撃ち殺されたとする。警察は黒人をしょっぴく。それを陪審員は犯人と決めつけて刑務所にブチ込む。テキサスなんかじゃすぐ死刑にされちまう。だから俺は家族と共にカルフォルニアに移ったんだ」。連邦政府やFBIはなんとか手を打てないのか？「アイゼンハウワー時代には大したことはできなかった。やる気がなかったからだ。だけど今はケネディだ。彼なら必ず状況を変えてくれると俺は信じているんだ。それぐらいオプティミスティックにならなきゃ生きちゃいけないからな」。

ヴェガスに着いてバスのターミナルの前でトラックが止まった。私はテレンスのごっつい手を握って、「Your kindness is deeply appreciated」と語りかけた。社交界で使われるような堅い英語である。トラックから降りようとすると彼が言った。

「Hey kid! You got a bread?」

ブレッドとはパンのことである。ノーと答えると彼は財布から10ドル札を抜いて、「Here, take this.」と言った。10ドルとはいえ、今の金額にすれば100ドルには相当する。500㎞の道をタダで乗せてくれた上に、カネまでくれようとしたのだ。私は、カネはあるから大丈夫だと丁重に断わった。後で知ったことだが「Bread」は黒人のスラングでカネのことをいう。トラックを降りて彼に深々と頭を下げた。彼が手を振った。「Sayonara my friend! Go get them champ!」——あくまで明るい彼の声だった。自分はなんとラッキーなのだろうと思った。5時間のうちにスラングを多く学び、会話の自然な運び方も学べた。コミュニケーションの面白さや言葉の大切さも肌でわかった。

アメリカが急に近くなったと感じた。

言葉は生き物だから、失敗しながらでもコミュニケーションを繰り返して体得していくしかない。笑われることを恐れてはいけないのだ。失敗を怖がって黙りこくっていれば、言い間違いを笑われるリスクからは逃れられるかもしれないが、いつまでも英語力は磨かれない。日本では、英語のペーパーテストの得点がそのまま英語力だと思われがちだが、ＴＯＥＩＣで９００点取れても、海外の相手と真剣にビジネスの話をしたり、息抜きのジョークを言い合ったりできなければ何の武器にもならない。世界と「ケンカ」をしながら生きていくための道具となる本当の英語力は、失敗と試行錯誤の中からしか生まれない。

海外に出ていくことはそうしたコミュニケーションの力を磨くチャンスでもある。海外旅行一つ取っても、日本語のガイドのついたツアーより、自分で現地の人たちとやり取りをしながら訪れた国の歴史や風景を学んでみてはどうだろう。そうした積み重ねによって、将来のチャンスが広がっていくことになる。目の前のリスクを恐れずに挑戦することが「ケンカ」に勝つ近道なのだ。そのシンプルな真理を日本人は学ばなければならない。

英語に限らず、「コミュニケーションが嫌い」という傾向が若い世代にあることも心配だ。「人にできるだけ会いたくない」と考えるから就職活動も仕事もインターネット頼みになる。日本語でのコミュニケーションさえ心許ない若者たちに共通しているのも「恥を掻きたくない」というメンタリティだ。しかしそれでは大きなチャンスを逃してしまうし、第一、傷つかないで過ごす人生など大抵は面白くも何ともない。人生はギャンブルだと言ったが、一度しかない人生を日本政府や勤務先の会社に賭けるのではない。自分自身に投資し、自らの可能性を賭けるからこそ、未来は自分のために輝くのだ。

まずは己を知れ

組織や地位に頼らず生きようとすれば、必ず衝突や軋轢が生まれる。その「ケンカ」から逃げてはいけないわけだが、そのためにまず必要なのは己を知ることだ。

殴り合いのケンカでも、自分のリーチの長さや拳を繰り出すスピードを知らなければ、すぐにノック・アウトされてしまうだろう。同じように社会の中の「ケンカ」でも自分の能力・実力がどれほどなのかを冷静に見定めなければ勝ち残ることはできない。

その意味では、会社組織に身を置くことはとても良い経験になる。意識を高く持つことさえできれば、自分の能力がどのくらいのレヴェルにあるのかを相対化できるからだ。会社の査定とは別に、自分の「市場価値」がどれほどのものかを常に考える習慣をつけておくとさらに良い。その考え方が、5年後、10年後の自分を助けることになる。

組織の中で自分が不可欠な戦力になっているかを知るには、「誰にでもできる仕事」をしていないかを意識することが有効だ。自分の頭で考え、自分の力で仕事を作り、会社に利益をもたらしているか。重要なのはその点だ。

誰にでもできる仕事をしている限り、現時点で仕事にありつけていても将来のリスクはどんどん増す。正社員なら年功賃金でどんどん給料が上がるかもしれないが、「誰にでもできる仕事ならば、若くて給料が安く済む人間にやらせればいい」と経営者は考えるだろうし、非正規雇用ならば「誰にでもできる仕事は若くて体力のある人間にやらせたほうがいい」となるのは自明だ。とりあえず仕事があるのだから将来のことは考えなくてもいい、などと思っていると遠くない将来に手痛いしっぺ返しを食うことになる。マニュアルを守ってさえいればできる仕事に就いているのであれば、危機感を人一倍持ったほうがいい。

マニュアル人間はいくらでも代えがきく。会社を辞めて生きていこうとしてもそんな人間には社会は見向きもしないし、会社にしがみつこうにも、経営が傾いたら真っ先にクビを切られることになる。まずは自分がそういう存在になっていないか冷静にチェックすべきだ。それはもしかしたら「ケンカ」をするより辛く厳しい作業かもしれないが、自分の真の実力を偽らずに自覚することが戦う第一歩だ。その意識があるかないかで若者たちの未来は天と地ほど変わるだろう。

ところが現実には、近年の日本人は失敗を恐れるあまりマニュアルに頼る傾向がますます強くなっている。ディフェンスィヴな人間にとってマニュアルほどありがたいものはない。目の前のリスクを回避できたと錯覚できるからだ。

しかし、マニュアルは小さなリスクを回避する方法を教えるだけで、本当に会社の命運や人生の勝負を左右するようなリスクには役立たない。そんなものに頼って独自のスキルを身につけずに過ごしていると、将来のリスクは逆に増大する。小さなことでも一つ一つ自分で決断し、責任を持つ。その積み重ねが「ケンカ」のできる人間への道となる。当たり前の話だが「マニュアルで勝てるケンカ」などというものは世の中に存在しない。

わかりやすいのはサーヴィス業だろう。日本と海外を比較して常々考えることだが、日本には一流のサーヴィスマンがほとんどいない。ホテルでも航空会社でも、少し融通を利かせてもらおうとリクエストするだけで「それはできません」「そうしたサーヴィスはやっておりません」とNOを連発する。マニュアルに書いていないことは全部「できません」で通すのだ。何が起こるかを見通せないから、そのリスクは取らないということかもしれない。だが、それでは世界レヴェルのサーヴィスとは言えない。世界トップクラスの料金を取る日本の航空会社でもその程度だということに、私はいつもがっかりさせられる。

世界のサーヴィスマンは全く違う。例えばスイスに取材に出掛けた時のことだが、カメラのメモリー・カードの替えが急に必要になったことがあった。生憎その日は現地の祝日で、私が滞在していたローザンヌの街の商店はすべて休みに入ってしまっていた。途方に暮れてホテルのサーヴィスマンに相談すると、少し思案顔をした後にこう提案してくれた。「宿泊客をジュネーヴまで出迎えに行くリムジンがありますから、運転手を少し早めに出発させましょう。休日で商店は休みですが、空港の旅客用ショップは営業しているはずです。そこでメモリー・カードを調達させましょう」。果たして、空港の店は営業しており、私は助けられた。サーヴィスマンにチップをはずんだことは言うまでもないが、次に同地を訪問する際にも必ず同じホテルを利用しようと思った。

小さなことに思えるかもしれないが、マニュアルに頼らずに組織に利益をもたらすとはこうしたやり方のことである。質の高いサーヴィスを提供すれば、客の記憶に残り、独自の人脈を築き上げることにもつながる。私はこのスイスのサーヴィスマンがどこか別のホテルに移ったと聞いたら、そちらを宿泊先に選ぶかもしれない。マニュアルでできるようなサーヴィスはどこでも受けられるが、こういうサーヴィスは本当に貴重だと思うからだ。

不況下で生き残る手段として、よく「資格」が取り上げられる。英語や税理士、簿記などの資格取得を目指そうという宣伝も多く目にする。こういった資格やそのための勉強が「ケンカ」の足しになることはある。しかし、資格さえ持っていれば安心だという考えは間違っている。大切なのは他人には生み出せない価値を作り出せるかどうかだ。自分の中で資格そのものを目的化していたら要注意だ。その証拠に、医師や弁護士といった超難関とされる資格試験を通った者でさえ、稼ぎ口がなかなか見つからなかったり、安月給で酷使されたりする者がいる。結局、「自分にしかできない仕事をしているか」というチェックを怠れば、どれだけ資格を揃えても時代から取り残されることになるのだ。

ソニーも松下も「ケンカ」で大きくなった

国家の「ケンカ」について説明したパートで、かつて日本は諜報活動でも〝先進国〟であったと書いたが、個人における戦いでも同じようなことが言える。しかも、ごくごく最近まで日本にはビジネスの世界で「ケンカ」を厭わない強者が少なからず存在した。

戦後の復興期のことである。ビジネス界には「ケンカ」のできる日本人が次々と登場し、世界に雄飛して活躍し始めた。例えばソニー創業者の一人である盛田昭夫は「ケンカ」のお手本となる一人だ。

まだソニーが黎明期にあった頃、盛田はトランジスタラジオをアメリカに売り込みに行った。するとトップセールスの甲斐あって現地企業から10万個の発注を受けたのである。毎日ニューヨークの安宿からポテンシャル・バイヤーを求めて色々な企業を訪れていた盛田にとっては、よだれが出るようなオファーだったに違いない。しかし、盛田はそれを蹴った。相手企業は、その商品にソニーのロゴではなく自分たちのロゴを入れて売ることを条件にしたからだった。

まだ無名だったソニーにとって、発注をもらったのに断わることが非常に大きなリスクであったことは言うまでもない。だが、盛田は下請けになることよりも自社ブランドを育てることを選択した。これを単純に誇りの問題と捉えると、陳腐な英雄伝になってしまう。むしろ彼には、いずれ自社を「世界のソニー」にするという執念と野望があり、それを実現できる自信があったからこそ仕掛けることのできた「ケンカ」だった。その後、「ＳＯＮＹ」が世界的なブランドになったことからわかるように、この「ケンカ」に盛田は勝った。彼は間違いなく、自分の力を正しく評価する目も持っていた。

失うもののなかった戦後復興期の日本では、多くの人が果敢にリスクを取り、結果として国が栄えた。ただし、松下幸之助にせよ本田宗一郎にせよ、現在の有名企業の創業者たちについて、日本では「貧しい中で努力し、従業員を大切にする家族的経営で組織をまとめた」という側面ばかりが強調されているように見える。しかし、彼らのライフ・ヒストリーを読み返すならば、小さな町工場から世界的な企業へと発展させていく上で避けて通れなかった「ケンカ」にこそ注目すべきだ。美談も従業員重視も、その結果として生まれたものであり、もし彼らが「ケンカ」に負けていれば、そんな話は語られることすらなかったのである。事実、松下や本田になり損ねた挑戦者たちは星の数ほどいたはずなのである。

松下幸之助がヨーロッパに進出した時に、一緒に合弁企業を立ち上げようとしたオランダ企業から「7％の技術指導料」を求められ、それに対して「経営は松下の責任でやるのだから、あなた方は我々に経営指導料を支払うべきだ」と返したことは有名なエピソードだ。「経営指導料」などという言葉を聞いたことのなかったオランダ企業は目を白黒させたが、最終的には松下電器にその名目でカネが支払われたのである。世界に出ていくにはタフな交渉に耐える能力と覚悟が必要だ。焼け跡からの復興を果たした日本人は、貧しい時代を耐えたから尊敬すべき存在なのではない。失うもののない中で、貧困から抜け出すために必死で「ケンカ」を繰り返し、勝ってきたことが尊いのである。

現代の日本もまた、もはや守るべきものがなくなりつつある。だからどんどんリスクを取ればいい。逆に逃げ続ければ、焼け野原に戻るしかない。

繰り返すが、この国の唯一最大の武器は人材だ。一度や二度の敗北ならいくらでもやり直しができる。戦後の復興期に挑戦し、敗れていった若者たちも、その後、路頭に迷って惨めな人生を生きたわけではない。「ケンカ」の経験が彼らを成長させ、スターとなった経営者とは別の役割を演じて、やはり戦後復興に貢献したのである。「ケンカ」を避けた結果、日本の若者が何のスキルもないまま荒れた海に放り出される事態を防ぐためにも、「ケンカ」を厭わないたくましいメンタリティを体得してもらいたい。

親友の条件と作り方

「ケンカ」には仲間がいてもいい。互いのやる気を高め合い、理想や人生の目的を語り合うことのできる本当の友人はかけがえのない存在だ。

しかし、最近では「親友」の定義も変わっているようだ。

2012年の年末に興味深い記事を目にした。東京の大学生を対象に行なわれた意識調査で、「最近1年間で友達と口論を含むケンカをしたことがあるか」という問いに、7割以上の学生が「ない」と回答したのだという。その一方で、「親友がいる」と回答した学生は約9割に及んだ。私はこの結果に違和感を覚えずにはいられなかった。どうやら現代の学生たちは、そのほとんどが「ケンカ」をしない「親友」を持っているらしい。仲が良くて羨ましい……というわけにはいかない。

親友とは本音で語り合える相手のはずだ。当然、口論も「ケンカ」もするだろう。男でも女でも同じだ。そして、「ケンカ」の最も素晴らしい効用の一つは「友人ができる」ことである。本当にギリギリのやり取りをした相手とは心が通じ合うものである。先に紹介したキューバ危機でやり合ったケネディとフルシチョフにしても、危機を回避した後は信頼関係を築き、協力しながら平和な世界を目指す仲となった。個人レヴェルでも同じことはよく起きる。だから私は、「ケンカ」はしないが「親友」はいるという話が奇妙に聞こえて仕方ないのである。

個人的な体験を言うと、アメリカのオルブライト大学に留学していた際に、私は「ケンカ」によって多くの友人を作ることができた。まあ、当時の「ケンカ」は本当の殴り合いだったから、今の若者にそこまでやれとけしかける気はない。もちろん私は殴り合いが強かったと自慢したいわけではないし、むしろ暴力的な解決を好まないことを強調しておきたい。その当時、私のような小柄な日本人が売られた「ケンカ」を買わずにへりくだっていたら、周りには馬鹿にされ続けるし、対等な友人関係は作れなかったのだ。幸いなことに私は幼い頃から空手を習っていたから、アメリカでも「ケンカ」に負けることはなかった。

留学して最初の夏だったが、私が空手の使い手であると聞いたアメリカン・フットボール部の連中が「レンガを割ってみろ」と挑発してきたことがあった。彼らにしてみれば、本物の空手を目の前で見たことがなかったのだろう。興味本位と空手への〝疑惑〟からそう言ってきたのだと思う。ところが私は日本からやってきたばかりで、そんな見世物のようなことはできないと思った。だから、「空手は精神修養であって、酒場でのパフォーマンスのようなことはできない」と断わった。この言葉が彼らには弱気な発言と受け取られてしまった（当時は私も「ケンカ」の正しいやり方を身につけていなかったわけだ)。

「こいつは、本当は空手なんかできやしないんだ」

と言い出す者も出てきた。私は言わせておくしかなかった。が、それがガラリと変わる出来事が起きたのである。

ある時、私にも空手の強さにも懐疑的だった男が、ちょっとしたやり取りの中でいきなり私の顔面を張ろうとしてきた。アメリカ人得意のサッカー・パンチというやつである(Suckerとは騙されやすい人という意味)。私はそういう連中をまともに相手にしていなかったのだが、この時は不意打ちだったため、つい反射的に内受けから裏拳を返してしまった。反撃を受けると思っていなかった相手は、まともに食らってノック・アウトされた。周囲の連中が5～6人、「やりやがったな」とばかりに一斉に飛びかかってきて、もう収拾がつかなくなった。やるしかない。アメリカン・フットボールをやっている連中だから図体はでかい。こういったケースでは、相手の体格や気迫に押されて腰が引けると一気にやられてしまう。冷静に相手が「大きな的」であることを見定めて有効打を繰り出していけばいいのだ。鳩尾《みぞおち》に逆突きを叩き込んだり、相手のパンチをかわして伸びきったその肘に手刀を振り下ろしたりと、急所を突いていったので全員を倒すのはさほど難しいことではなかった。

いや、それを自慢したいのではない。大事なのはその後で彼らとの関係がどうなったかである。アメフト部の連中は私のアメリカでの最初の友人となった。

「ケンカ」したことで、彼らは私を仲間だと認めてくれたわけである。当たり前だが、殴り合えばお互いに痛い思いをする。アメフト部との「ケンカ」の舞台となった飲食店からは一緒に大目玉を食らった。そのうち妙な連帯感が生まれてくる。これは経験した者しかわからないかもしれないが、貴重な体験である。大人になって社会に出てからは、殴り合いや暴力に解決手段を求めるのは愚かなことだが、コミュニケーション能力が未熟な若いうちの殴り合いには、そこでしか学べない効用もある。


近年の学校では「ケンカ」が見られなくなったが、その代わりに増えたのが「いじめ」だ。最近ではインターネットを使って特定の生徒の悪口を拡散するなどの手法も多いと聞くが、陰湿極まりない。陰口を書いて送信ボタンを押すだけだから、いじめている側は痛みを感じない。歯止めが利かなくなるし、顔の見えない相手に対していじめられる側は反撃できない。いじめで生徒・児童が自殺する痛ましい事件がなくならない背景には、誰も責任を取ろうとしない日本の教育システムの構造的な問題もさることながら、さらに根本的な原因を考えていくと、学校から「ケンカ」が消えたこととも関係があると思えてならない。

「ケンカ」せずに仲良くしろ、と指導して見せかけの秩序を作り出すことは容易い。しかし、社会に出たら誰も守ってくれない中で「ケンカ」していかなければならないのだ。その練習として、若いうちに「ケンカ」を体験しておくことは悪くない。なぜ対立するのか、どうやってそれをぶつけ合うのか、どんな痛みを伴うのか、そして和解するには何が必要なのか。それらを言葉や教科書で教えようとしても難しい。殴り合いを奨励することはできないが、見せかけの秩序ばかりを求める教育現場の荒廃には強い危機感を覚える。

先に述べた「口論すらしたことはないが親友だ」という大学生への意識調査の結果に首を傾げるのはそういう理由からだ。口論であればなおのこと、どんどんやったほうがいい。それも顔の見えない相手とインターネットを通じてやるのではなく、直に顔を突き合わせ、相手の目を見てやるべきだ。どんなに気の合う友人でも、すべて意見が一致するはずがない。議論することで相手をより深く知ることができるし、ディベートの力もつくだろう。自分の考えを深める機会にもなる。何の生産性もない誹謗中傷が相手を傷つけるということも、面と向かって議論を繰り返していれば自然と学ぶ。相手がどういう言葉で深く傷つくかを知ると同時に、言葉によって傷つけられることへの耐性も身につく。すべて社会に出て必要となる力だ。

最近の就職活動では「コミュニケーション能力」が重視されているとされる。確かに正論だ。しかし、その能力はSNS（ソーシャル・ネットワーキング・サーヴィス）でつながっている相手とやり取りしているだけでは身につかないのである。

「ケンカ」は友人を失うリスクを伴うから避けたいのは人情だが、ここでも真実はその反対で、「ケンカ」によって人生の喜びや悲しみを分かち合える本当の友人を見つけることができるのだ。

企業はムラ社会への依存を絶て

企業の問題にも触れておきたい。この国の企業はムラ社会の論理で生きていて、「ケンカ」のできる組織になっていない。私が日本人の一人ひとりに「ケンカ」の力を身につけろと言うのは、そうした組織の頼りなさも念頭にある。

2011年に発覚したオリンパスの損失隠し事件は象徴的な事例だ。この事件はその年の4月に社長に就任したイギリス人のマイケル・ウッドフォードが長期にわたる会社の損失隠しに気がついたところから始まる。バブル崩壊時に発生した有価証券投資による損失をオリンパスの歴代経営陣は隠し続けていた。その額は1000億円にものぼった。ウッドフォードは隠蔽を続けてきた会長の菊川剛に辞任を迫ったが、ここで驚くべきことに取締役会は逆にウッドフォードを解任したのだ。理由は「独善的な経営を行なった」というものだった。犯罪を隠蔽してでも秩序を守るというムラの論理が通ったのである。

結局、解任されたウッドフォードが月刊『ＦＡＣＴＡ』のインタビューで不正を告発。事件が表面化し、ようやく菊川ら経営陣が逮捕されるに至った。まるで独裁者のいる発展途上国のような話だが、悲しいかなオリンパスは日本の東証一部上場企業であり、しかも世界的な技術を持つ「勝ち組」でもあった。

話はまだ続く。これだけ長期にわたる重大な粉飾決算を行なったにもかかわらず、オリンパスは上場廃止にならなかった。「悪質性は低いから」というのが東京証券取引所（現・日本取引所グループ）の公式見解だったが、市場をこれだけ長きにわたって騙しておいて、一体どこが「悪質性が低い」のだろうか。結局、ここでも日本ムラの秩序を維持することが優先されたのだ。こんな茶番は世界では通用しない。

「責任を取る」ことが徹底されないのは日本の旧弊だ。ルールを破った組織や時代遅れになった組織は淘汰されなければならない。それは新しいビジネスを生むために必要なメカニズムである。とっくの昔に時代の流れから取り残された組織が既得権者となり保護されるから、日本の財界には新陳代謝が起きない。この国の企業社会には健全な競争がないと言ってもいい。その結果、「ケンカ」のできない会社、「ケンカ」のできないビジネスマンばかりになる。

２０１２年末に誕生した自民党政権は電機メーカーの設備を公的資金で買い取ることを検討しているとされるが、愚策だ。税金を注ぎ込んで企業の競争力を強化しようとしても、多くの場合は無駄になる。本当は競争力などない企業や商品が無理やり延命されるだけだからだ。実際には永遠に税金を投入することなどできないので、すぐにボロが出る。「エコポイント」なる制度によって日本メーカーの液晶テレビは飛ぶように売れた時期があったが、現状はシャープを見ればわかるように、どのメーカーも国際競争力は惨憺たるもので、支援策がなくなった途端に苦境に陥っている。多額の税金が投入された挙げ句、必要な構造改革が先送りされてしまったわけだ。税金で下駄を履かせてもらって「ケンカ」することがいかに馬鹿馬鹿しいかよくわかる。

市場とは本来は「食うか食われるか」のルールが支配するジャングルのようなものだ。日本の大企業は政府からエサをもらう〝半家畜〟になってしまった。松下幸之助をはじめ、かつての創業者たちのような「ケンカ」ができる野獣が出てこなければ日本経済の未来は暗い。

アメリカの企業幹部からよくこんな話を聞く。

「日本企業の人間と交渉していても、誰が責任者だか全くわからない。5人も6人も交渉の席にやってくるし、取締役の名刺を持っているからその場で話が決まるものと思っていたら、『本社に持ち帰って検討して返事する』などと言う。しかも帰ってから1か月経っても返事がこない」

責任の所在を曖昧にして、スピーディな結論を出せない。ムラのルールを守ることに汲々としているからそうした体質に染まってしまい、外からは誰がディシジョン・メーカーなのかわからなくなってしまう。

世界から日本のビジネスマンがどう見られているか、エスニック・ジョーク（民族性や国民性をネタにしたジョーク）を聞けばよくわかる。有名なジョークの一つにこんなものがある。

〈レストランで客が頼んだスープにハエが入って出てきた。

フランス人は怒って店を出た。

中国人はそのまま飲んだ。

ドイツ人は冷静にハエを取り除いて飲んだ。

アメリカ人は店に対して損害賠償訴訟を起こした。

日本人は、「こういった場合どうすればいいか？」と本社にファクシミリを送った〉

日本の企業人がいかに「決断力のない連中」と見下されているかがよくわかるだろう。

はっきりした結論を出せば対立が生まれることも多い。それを好まない日本人にとってムラの論理は居心地がいい。それでうまくいっていた時代はよかったが、もうそれは終わった。グローバル化の大波によって、企業は再びジャングルに放り込まれたのだ。家畜がジャングルで生き残れないのは火を見るよりも明らかであり、猛獣たちの格好のターゲットとなるだけだ。

組織の体質を変えるのは簡単なことではない。最終的には構成員の一人ひとりが変わらなければ集団が変わることはない。時間のかかるプロセスだからこそ、この本を手に取ってくれた読者諸兄は、今日から組織に頼らずに「ケンカ」する力を身につける道へと進んでもらいたい。

「ロール・モデル」を見つけろ

リスクをきちんと取り、傷つくことを恐れない人生は美しい。「ケンカ」から逃げない人生は他人の心をも動かす。具体的なイメージが持てないなら、まず手本となるロール・モデルを探すことから始めてみるのも良い方法だ。何を隠そう私もある偉大な人物から「ケンカ」の尊さを教わった。

今でも私のロール・モデルは、アメリカで出会ったロバート・〝ボビー〟・ケネディである。兄であるジョン・F・ケネディがキューバ危機からアメリカを救った時に、一緒にソ連と対峙したのが司法長官だったボビーであることは既に紹介した。

初めてボビーに会ったのは大学3年の夏休みだった。当時アメリカ国務省は、大学で政治学を専攻する学生たちをワシントンに3日間招待し、政府幹部や議員たちによる講演を聞かせたり、政府の各省がどのように機能するかを見学させたりする、ある種のインターンシップのようなものを主催していた。その年のテーマは〝革命的変化への対応〟だったと記憶している。ボビーの講演は3日目に行なわれたがあの時の感動は今でも心に焼き付いている。「人間にノスタルジアがある限り、変化に対する抵抗は当然あり得る。しかし、変化こそ歴史における唯一の普遍的要素なのだ」「現在に満足しきっている者に未来はない」「ある人々は現実と妥協し、理想を忘れてしまう。私は現実をしっかりと見据えた理想主義者でありたい」「効率だけを考える政治に涙はない」「An idealism without illusion」——。あれほど血湧き肉躍るスピーチを聞いたのは初めてだった。ボビー・ケネディの名は深く心に刻み込まれた。

その後、私は大学時代の友人とオイルの世界に身を投じた。1968年、ニューヨーク州選出の上院議員となっていたボビーが大統領選に出馬することを発表した。会社の休暇を取って私はボビーが第一声を上げるインディアナポリスに向かった。会社はいつも共和党に献金していた（ボビーは民主党の上院議員）。私自身、共和党支持者だった。しかしボビーのような人間味のある男については党派は関係ない。どうしても彼をサポートしたかった。幸いボビーの選挙事務所で選挙スタッフとして登録することができた。仲間は若者が圧倒的に多かった。

ボビーの第一のターゲットは現役大統領ジョンソンを民主党の候補者指名争いで叩き潰すことだった。大部分のマスコミはそれを無謀な挑戦であり、恐らくは勝てないケンカと批判した。しかしヴェテラン政治家であるジョンソンは、時代の空気とボビーの人気には勝てないと考えた。彼はケンカもせずに出馬を取り止めてしまう。となると副大統領のハンフリーと、あまり名の知れてないユージン・マッカーシーという上院議員が相手となる。ハンフリーは予備選には出なかった（出ないほうがプラスと彼は考えていた。党の大物たちの支持を受けていたからだ）。マッカーシーはカルフォルニアでボビーに敗れてしまう。

キャンペーンの合間に、夜になるとボビーはよく我々若者に会いにきて昼間の活動を労ってくれた。未来のアメリカや世界はどうあるべきか、直接話を聞く機会も多くあった。若いうちにボビーのような人物に巡り会えた幸運に私は今でも感謝している。ボビーの選挙戦はまさに「ケンカ」そのものであった。彼が掲げたベトナム撤退や人種差別の廃絶という主張は、巨大な既得権に対する挑戦であった。それだけに選挙活動は情熱と危険に満ち溢れたものだった。いくつかの街ではスナイパーがボビーの命を狙っているという警察からの情報もあった。ボビーは意に介さず、そんな時いつも言っている言葉を返した。

「命というものは意味があることに使わなければ価値はない」

ボビーは司法長官の時、マフィアや彼らとつながる組合の腐敗を徹底的に暴き、何人もの犯罪者を刑務所に送った。また南部で吹き荒れていた人種差別に介入し、黒人学生を大学に入れるよう各知事と交渉したが、知事たちは黒人入学を断固拒否。アラバマ州のウオラス知事などは連邦保安官に付き添われて大学に行った黒人学生の前に立って両腕を広げ、絶対に中に入れないと鬼のような形相を見せた。彼の両脇には武装した州のミリシア（軍隊）がずらっと列を作り、いざという時に備えていた。多くの白人学生たちは暴動寸前。

ボビーはウオラスに電話を入れた。最初からケンカだった。「ウオラス知事、州のミリシアをすぐに撤収させ、学生たちも解散させなさい」「冗談じゃない。彼らはニグロたちから白人を守っているんだ」「彼らが守るべきは法律なのだ」「それは違う。彼らと私が守らねばならないのはアラバマ州だ」「ウオラス知事、あなたはそれでもアメリカ市民か!」「さあね。もうわからなくなったよ」――。ボビーは電話を切り大統領を呼び出した。ウオラスでは話にならない。

ボビーはこの際、州のミリシアを連邦軍化するしかないだろうと提言。兄である大統領はすぐに動いてアラバマ州ミリシアを連邦軍とした。今度はウオラスがミリシア＝連邦軍に逮捕されるほうに回ったのである。彼は渋々、黒人学生に道を開けた。このようなことを何度も繰り返し、ついにアメリカ50州の公立大学すべてに黒人学生が入学できるようになった。

人間の尊厳を守り、誰でも能力次第で大学教育を受けられる。それまでの司法長官が一人としてできなかったこの大ゲンカにボビーは勝ったのである。

その代わりボビーは組合や南部の人々の多くから憎しみの対象となった。間違ったこと、国家にとって恥となることを正そうとしたボビーは冷徹この上ない〝Mr.Cold Blood〟というありがたくないニックネームを得る。私の知るボビーは〝Cold Blood〟どころ〝Hottest Blood〟の塊だったが。

こんなエピソードがある。インディアナ州でのキャンペーン中、インディアナポリス市のスラムに住む女性から手紙が届いた。

「私の母は重い病気にかかっています。でも、死ぬ前にどうしてもボビー・ケネディに一目会いたいと言っています」

側近たちはそんなところに行くのは時間の無駄と言った。票にもならないし、第一スラムは危険すぎるとも言った。だがボビーは行くと決めた。自分が行くことによって病人が少しでも幸せを感じてくれたら、人間冥利に尽きると言ったのだ。側近たちは説得を諦めて、せめてボディガードを4～5人連れて行くよう提言したがそれもボビーは拒否した。ある側近はテレビ局か新聞社に連絡して彼らを連れて行けば宣伝になるし、票にもつながると提言した。するとボビーの顔色が蒼白になった。怒りの表情だ。

ロバート・ケネディ元米司法長官。今も筆者にとってのロール・モデルであり続けている。

「病人は私に会いたがっている。そこにテレビや新聞記者を連れて行ったら彼女はどう感じると思う。選挙に勝つためにそんなことをするほど私は恥知らずではない」

そして絶対にマスコミには漏らしてはならないと釘を刺した。

当時、白人がスラム街を警護なしで歩くことなどまずできなかった。確かにボビーは人種差別と戦う政治家だったから、黒人から愛されていた。彼らはよく言っていた。ボビーにはソウル《—魂—》があると。普通の白人の政治家のようにスラムで襲われたりする心配は少なかったが、それでも治安が悪いことに変わりはない。ジャンキーもいるし、精神的に不安定な者も多い。結局、私の他数人のヴォランティアーがついていったのだが、そのアパートにはベッドもなかった。床に横たわる老婆はボビーを見ると涙を流して喜んだ。「もう死んでもいい」と呟く老婆に対してボビーは、「素晴らしい明日があるかもしれないのに、死ぬなどと言ってはいけない」と優しく返した。私はその言葉から、差別のない、輝かしいアメリカの未来を実現してみせるという決意を感じ取った。たった一人の老婆に対しても、ボビーは自分の理想を伝える必要があると信じていた。本当に国家を変えようとする人間とはそういうものだ。リスクを取った人間だからこそ言葉に説得力が生まれる。

その数か月後にあの悲劇は起きた。

1968年6月5日の真夜中過ぎ、カルフォルニアでの民主党予備選に勝利し、シカゴの党大会での候補者指名を確実にしていたボビーは、ロサンジェルスのアンバサダー・ホテルで勝利演説した後、凶弾に斃れた。42歳という若さで私の敬愛したロール・モデルはこの世を去ったのだ。暗殺の背後には兄・JFKの暗殺同様に巨大な既得権勢力の影が見え隠れするが、そのことが図らずもボビーが「ケンカ」のできるリーダーであることを証明していた。私は当時、ショックで茫然自失となったが、今でも生前のボビーの力強い言葉や生き生きとした表情を覚えている。ボビーの志や戦う姿勢は多くの人の心を動かしたし、私自身その後の人生のお手本としてきた。「ケンカ」リスクを取る生き方は周囲の人間に感銘を与え、本人には誇りや自信を植え付ける。「ケンカ」の大切さ、尊さは生きたお手本から学ぶのが一番いいと私が考える所以である。

野茂とイチローの取ったリスク

日本にはロール・モデルになるような政治家はなかなか見当たらないかもしれないが、もちろんモデルは政治家や組織のリーダーでなくてもよい。例えば、日々戦いに身を置くスポーツ選手の中には、「ケンカ」のお手本になる者が少なからずいる。

今でこそ日本の野球界からアメリカのMLB（メジャー・リーグ・ベースボール）に移籍

する選手は珍しくなくなったが、パイオニアとしてその道を切り拓いた野茂英雄がまず思い浮かぶ。

野茂の功績は今では高く評価されているが、1995年に渡米した当時はメディアも180度違う論調だったことを覚えているだろうか。契約更改を巡って野茂と所属球団であった近鉄バファローズが対立。野茂の人気と力でできるだけ稼ぐことを考えていた球団は、エースだった野茂に、低い年俸の単年契約のままプレーするか、「任意引退」となるかの二者択一を迫った。任意引退では国内の球団には移籍できない。そこで野茂はメジャーへの移籍を決意する。つまり、「もう二度と日本では野球ができない」という背水の陣で渡米したのである。これまた野球ムラの秩序に支配されたマスメディアは、球団側の言い分そのままに「野茂のわがまま」という論調で批判的に報道した。並の選手であれば球団の主張にねじ伏せられていただろう。だが、野茂は「ケンカ」から逃げない人生を選んだ。リスクを取って、よりレヴェルの高い舞台で勝負することを選んだのだ。

渡米1年目、ロサンジェルス・ドジャースでの年俸は日本にいた時代の10分の1以下だった。成績が残せなければいつ解雇されてもおかしくなかった。

だが、野茂はこの「ケンカ」に勝った。

1995年のMLBには野茂旋風が吹き荒れた。独特のトルネード投法から繰り出される

野茂とイチローはどちらも周囲の批判を跳ね返し、独特なフォームで実績を残した。

ストレートと決め球のフォークボールでメジャーの打者たちを次々と仕留め、新人王と奪三振王を獲得。オールスター・ゲームでは先発ピッチャーの栄誉を担った。ポーカー・フェイスのサムライに全米が熱狂した痛快な記憶は今も鮮明に残っている。その後も日本球界に戻ることはなく、アメリカン・リーグとナショナル・リーグの両方でノーヒット・ノーランを記録するなど、ＭＬＢで輝かしい実績を残した。

野茂の「ケンカ」があったからこそ、日本の野球選手たちが海を渡れるようになった。そのことを我々ファンは忘れてはならない。

また、野茂に続いた選手の中では、やはりイチローは特筆すべき存在だ。２０１２年にシアトル・マリナーズからニューヨーク・ヤンキースに移籍し、見事な結果を残しつつワールドシリーズを目前に涙をのんだ彼の生き方にも、私は強く感銘を受けた。

２０１２年のリーグ優勝決定シリーズでは、デトロイト・タイガース相手に沈黙する打線の中でイチローは孤軍奮闘の活躍を見せた。目の肥えたニューヨークのファンたちは惜しみない称賛を送った。素晴らしい結果だったと私は思うが、ヤンキースへの移籍はイチローにとって大きなリスクだったはずだ。移籍時に38歳だったイチローは11年間プレーしたシアトルの慣れ親しんだ環境を捨て去ったのだ。ニューヨークはファンも球団も選手を厳しく見ることで知られる。名門球団の宿命だが、イチローとて不調ならば放出は免れない。しかも移籍にあたっては控えに回る可能性など厳しい条件が突き付けられた。それでもイチローはワールド・チャンピオンになる可能性に賭けた。チームは敗退したが、イチロー個人は見事に結果を出して見せた。「今の自分」を守るのではなく、「将来の自分」の可能性に賭ける姿勢がはっきりしていた。私がこの年、忘れられないシーンとして思い出すのは、ヤンキースへ移籍後、最初にシアトルで行なわれたマリナーズ戦で観客がイチローをスタンディング・オベーションで迎えたことだ。MLBでは移籍した選手に対し古巣のファンからブーイングが送られることも珍しくない。イチローの野球に対する真摯な取り組みと、リスクを取って高みを目指す姿勢がファンからも評価されていたことがよくわかる。帽子を持ち上げてファンに返礼するイチローの目は赤く充血し、改めてこれから始まる挑戦への戦意を奮い立たせているようだった。

「若さ」は年齢の問題ではない。

人生というギャンブルで、リスクを取って「ケンカ」に打って出ることができるのであれば、それは精神に若さがある証拠である。目先のリスク回避に汲々とする生き方では、たとえ歳が若くても老人の精神だ。40歳を目前に「ケンカ」から逃げなかったイチローは、そのことを教えてくれる。

野茂やイチローといったスーパー・スターは才能に恵まれているのだから比較されても困

イチローは移籍のリスクから逃げなかった。

るという反論もあろう。しかし、「gifted（生まれながらの天才）」である彼らにしても、才能を伸ばす努力を怠らなかったからこそ自信を持ってリスクを取ることができたのだ。野茂もイチローも、トルネード投法と振り子打法という独特のスタイルを持っているが、どちらも若い頃は指導者から散々否定されながら自分で磨き上げたスキルだった。セオリーに頼らず、自らが最も力の発揮できるスタイルを追究した点にも尊敬すべき点がある。持って生まれた才能によって彼らが成功を収めたというのは短絡的すぎる見方だ。そして、彼らとは全く違うかたちであっても、私たちにも必ず何らかの「gift（神の贈り物＝才能）」がある。それを見つけ、磨き、人生に活かすかどうかは本人次第なのである。

周囲への甘えを捨てろ

ロール・モデルになるような人物に共通するのは、他人に甘えない姿勢である。尊敬すべき仲間や先輩と力を合わせることは大切だが、甘えてばかりではいつまで経っても「ケンカ」はできない。自分の足で立つのは一日でも早いほうがいい。

最近では、「上司は部下の才能を引き出すような指導をすべき」というような管理職マニュアルが企業では横行しているようだが、才能は誰かに引き出してもらうものではない。

私は大学院の途中で友人の誘いでオイルのアップ・ストリーム（発掘）のビジネスに身を投じた。その会社で副社長だった時、ＭＩＴ（マサチューセッツ工科大学）の修士号を持つ秀才が就職してきた。ただ、学業成績は優秀だったが職場の人間とほとんど話をせず、仕事でもなかなか成果を出せなかった。私は彼を呼び、

「なぜ他のみんなと話をしないんだ？」

と尋ねた。

「話をしても、誰も僕の言うことを理解してくれないからです」

自分はレヴェルの高い話をしているのに、周囲がそれについてこられないのだとでも言いたげな表情であった。私はオーナーでもあった会長にその男を会わせた。会長はユダヤ系アメリカ人で仕事に厳しい男だった。会長はいきなりものすごい剣幕で、どやしつけた。

「他人がお前のことを理解するかどうかなんて関係ないんだ！　俺もお前の人格になんて興味はない。ここはビジネスをやるところだぞ。みんな儲けられるかどうかしか興味はないんだ！」

酷いパワー・ハラスメントだと思うだろうか？　しかし、会長はビジネスの世界では当たり前の常識を述べたまでだ。自分から何もせず、それでいて理解してもらいたいなどというのは甘え以外の何ものでもないと教えたかったのだろう。

その社員は会長に一喝されて以降、人が変わったように仕事に打ち込んだ。結果的に周囲のスタッフとも協力するようになり、結果を出そうと努力し、小さいながらも南米で新しい油田を発掘するなどして自信を身につけていった。

自分で必死に努力することから逃げ、そのことを棚に上げて現状への不平不満を口にし、要求ばかりする文化が日本には根付いてしまったように見える。2013年の成人式で、新成人が「今年はボーナスが上がるように総理大臣に頑張ってほしい」とコメントしていたのを聞いて思わず噴き出してしまった。まあ、まだ一人前とは言えない若者の言葉だから大目に見たいと思うが、総理大臣が自分のボーナスを上げてくれるよう願うとは、まるで5歳の少女がお星様に祈るようで滑稽極まりない。最近の日本人のメンタリティを象徴している例だろう。困難は自分たちの手で克服しなければならない。

「格差問題」という言葉が市民権を得て久しいが、私から言わせれば格差は生まれて当然である。むしろ日本はこれまでムラ社会の論理が罷り通ってきたせいで、世界で稀に見るほど格差のない国家になっていた。敢えて言うが、私は「格差を是正せよ」という大合唱には真っ向から反対する。求めるべきは結果の平等ではない。機会の平等を担保し、誰もが健全な競争に身を投じられる社会を作ることこそ日本を立て直す方策だと信じている。そのためにはもちろん既得権の解体も必要だ。健全な競争社会とは、リスクを取って成功した人間が報われる社会だから、そうした意味での格差はもっと広がってもいい。

結果として社会が成長すれば、格差が広がっても国民の生活水準は押し上げられる。「ケンカ国家」は、そうした社会のダイナミズムを生む装置でもある。

努力せずに居心地のいい場所に留まる生き方は、楽に見えるかもしれないが、退屈で未来がない。日本の若者には、今の自分が知っている小さな世界に留まろうとせず、大海に漕ぎ出してもらいたい。海は荒れているし、凶暴なサメにも遭遇するだろう。しかし、小さな泥沼の中で一生身を潜めて生きるよりは遥かにエキサイティングな人生となる。

目の前にあるリスクは5年、10年のレンジで考えれば大したものではない。むしろ、リスクを取らないことのほうがよほど危険なのだ。若者たちを待つ未来は、政府も企業も個人を守ってくれない。ならば失敗が許される若いうちに思い切り失敗しておけばいい。失敗の練習くらいは政府や企業に尻拭いさせてやればいい。厳しい時代を生きる世代には、それくらい認めてやるべきだろう。人生はギャンブルだが、10割の打率は必要ない。若いうちに思い切り空振りしてみるのも勉強になるはずだ。ただし、絶対に出塁できない見逃し三振だけはやめようではないか。

将来の自分のイメージをきちんと思い描き、取るべきリスクを取る。そうやって「ケンカ」から逃げずに打って出る勇気を持てば、最高に面白い人生が待っているはずだ。

第5章 私の「ケンカ史」

ケンカ国家論

最終章では、私がこれまで経験してきた「ケンカ」を伝えたいと思う。体験的「ケンカ」論である。なぜ「ケンカ」をテーマに本書を書いたか、その問題意識を持つに至った経緯を知ってもらいたい。ここまでも少し触れたが、「ケンカ」は激動の時代を生き抜くために必要なスキルであると同時に、人生を素晴らしく面白いものにしてくれるツールでもある。自分の人生を振り返ってそう確信している。私が経験してきた「ケンカ」には空手を使ったストリート・ファイトから、オイルマン時代の戦い、ジャーナリストとしての戦場取材まで幅広い戦いがあった。どれひとつとして同じ「ケンカ」はないが、どんな「ケンカ」にも共通する心構えはあったし、得るものも多かった。それらを通じて、「ケンカ」の面白さを感じ取ってもらいたい。

生活保護を断わった母

最初に父と母の話をしたい。

他の著書でも書いたから知っている読者もいるかと思うが、私の父はどうしようもない放蕩親父であった。浅草でテキ屋をしていたが、真面目に働くのは大嫌いで、酒と女と博打が大好き。だから「勉強をしろ」などと言われたことはなかった（むしろ「勉強なんかしていたら頭が変になる」とよく言われたものだった）。私が小学校6年生の時に父は女を作って家を出ていったから、家族に恨まれるのが当然の親父だったのだが、それでも私は父のことが好きだった。

4歳の時に私を空手道場に連れて行ってくれたのが親父だった。空手を習い始めてから、それまで私にちょっかいを出していた近所のガキ大将が何も言ってこなくなった。ガラの悪い連中としょっちゅうやり合っている父は、空手を習うことにこうした〝効果〟があることを知っていたのだろう。直接ガキ大将と殴り合ったわけでもないのに、私が標的にされることはなくなった。もちろん空手の練習に精を出していたから、実際に殴り合っても負けることはなかったと思う。力を持つことで平穏を手に入れる——振り返ると「ケンカ」の基礎を教えてくれたのは父だったと思えてくる。

父が出奔してからの生活は大変だった。兄弟3人を女手一つで育てるために、母は酒も飲めないのにおでんの屋台を引くようになった。道端で女が屋台をやろうというのだから、当然酔って暴れる輩や食い逃げしようとする奴が出てくる。そうした不良客と「ケンカ」するのが私と兄の役割だった。といっても実際に殴り合いをするわけではない。飲みに行って殴られたという評判が広がれば、客が寄りつかなくなってしまう。

私と兄が考えたのが空手による〝無言の圧力〟だった。よからぬことを考えていそうな客が席に着いたら、屋台のすぐ脇で回し蹴りや瓦割りの練習をするのである。酒乱の客などは大概が小心者だから、用心棒がいるとわかると急に大人しくなる。私と兄は面白くなって落ちている欠けた屋根瓦を夜な夜な割って楽しんだものだった。

もちろんそれで屋台が大繁盛したわけではない。私たちの学費、生活費を稼ぐのは母にとって容易ではなかった。近所から我が家の苦境を心配する声が漏れ伝わったのだろう。今では考えられないことだが、区の職員がよく家にやってきて、「生活保護を受けてください」と説得していた。

しかし、母は頑としてその申し出を受けなかった。「世間の皆さまがお給料から納めている税金をもらうことなどできません」と突っぱねたのだ。母の口癖は、「世間様に迷惑をかけてはならない。自分の人生は自分で切り開く。すべては自己責任」というものだった。母にとっては負けられない「ケンカ」だったのだと思う。

母の強い意志を支えたのは、税金の無駄遣いはあってはならないという公共心と、「子供に恥ずかしい思いをさせたくない」という気持ちだったと私は考えている。日本人としての誇りや「恥の文化」を体現していたと思う。そして母はとうとう役所からの施しを受けることなく子供3人を育ててみせた。そんな母を私は今でも尊敬している。

2012年にはお笑い芸人による不正受給まがいの行為で生活保護の問題が注目された。現在では生活保護受給者は200万人を超え、この20年で倍以上に増えた。もちろん本当に働きたくても働けない人にはセーフティネットが必要だ。制度の主旨自体に異議はない。ただ、200万人もの人が本当に支援を必要としているのかは甚だ疑問である。行政の窓口でどうチェックするかという点ばかりに話題が集まっているが、母の背中を見てきた私としては、受け手である日本人の精神性の変化に問題の本質があるように思えてならない。

いずれにせよ、空手を習得して体を鍛えるという肉体面での「ケンカ」は父から、強い信念と誇りを持って目的のために努力するという精神面での「ケンカ」を母から学んだ。両親には感謝してもしきれない。

腕力を備えて和を成す

高校卒業後に私はアメリカに留学した。ここでアメフト部の連中と殴り合って友人になった話は紹介したが、留学中はそれ以外にも幾度となく空手に助けられた。１９９７年に母校オルブライト大学から名誉博士号をいただいたが、その授与式では学生時代に宗教学を教えてくれた教授から「君は本当によくケンカをしていたね」と笑いながら言われたほどだった。

弁解しておくと、私が好んで殴り合いに出掛けていたわけではない。アメフト部の連中と仲良くなって以降、私の「ケンカ」と空手は田舎町で評判になり、聞きつけた荒っぽい若者たちが腕試しを挑んでくるようになったのだ。

ある時はボクシングをやっている男が「ボクサーのパンチと空手家の突きのどちらが強いか勝負しよう」と言ってきた。彼が提案したルールは、お互いノーガードの状況で相手に殴らせ、どちらが最後まで立っていられるかを競おうというものだった。それで先行は自分だというのだから、圧倒的にずいぶん勝手なルールなのだが、私も若かったので意地を張り、そのルールで受けて立った。

至近距離で向き合い、私はストレートが飛んでくるものと思って身構えていた。するとそいつはニヤリと笑い、だらりと下げていた腕を私のアゴ目がけて振り上げたのだ。裏拳でアッパーカットを打つイメージである。彼としてはそれが一番スピードの出る拳の繰り出し方だったのだろう。ただ、そのボクサーの目の動きと体重移動から繰り出す拳の軌道が察知できた。体が反射的に胸の前で腕をクロスさせ、そいつの拳を止めてしまったのだ。本来ならルール違反だが、予想外のところから繰り出した最速の拳を受け止められたことに、そのボクサーは目を丸くして驚いていた。「空手家はこんなスピードにも反応できるのか」と驚嘆し、「お前のターン（順番）は必要ない。無礼を詫びるから空手についてもっと教えてくれないか」と、そこで勝負を降りた。ズル賢いが気のいい男であった。

大切なのは「腕力を備えて和を成す」という考え方である。アメリカでたくさん「ケンカ」をしたが、弱い者をいたぶるために拳を使ったことはない。図体のでかい連中に「ケンカ」を売られた時か、人の助太刀に入る時以外は問題解決に腕力を用いたことはない。哲学を持って「ケンカ」していたからこそ、多くの友人を作ることができたのだと思っている。「ケンカ」にも無駄なものと有益なものがあることは言うまでもない。

インタビュー取材は覚悟のぶつかり合い

大学院に進学した後はオイル・ビジネスのアップ・ストリームに身を投じた。石油利権を求めて世界中を飛び歩き、それを得たら試掘、採掘に取りかかる。精神的にも肉体的にもこれほど荒っぽい仕事はないが、大いに楽しめた。

そして縁あって日本でジャーナリストとして仕事をするようになった。

取材活動もまた「ケンカ」の連続であった。もちろんジャーナリズムは暴力とは無縁だ。ペンの力で権力や暴力と戦うわけだが、現場では取材相手と「ケンカ」しなければならない。殴り合いではないが、それ以上に覚悟を持ったぶつかり合いになる。

印象に残っているのはロシアの極右政党・自由民主党の党首であるウラジミール・ジリノフスキーへのインタビューだ。ジリノフスキーは1991年6月のロシア共和国大統領選で、泡沫候補と言われながら得票率8%で3位に入った男だ。しかし、その言動には支離滅裂なところがあり、「得票率8%は600万票だから、ベルギーであれば私は大統領になることができた」などと奇妙なコメントを出すことで知られていた。

どんな男なのか興味を持った。ロシアまで訪ねて行ったところ、事務所はモスクワのスラム街にある雑居ビルだった。誰も住んでいない廃墟に見える建物で、実際、エレベーターは動かないしトイレの水も流れない。そんな場所にジリノフスキーはいたのだが、私が事務所に入っていくなり、挨拶もなしに私を指さして「北方領土は絶対に返さないぞ！　しつこく返せと言うなら今度は北海道にロシアの旗を立ててやる！」と喚き散らした。ロシア語の通訳はジリノフスキーの発言を訳しながら、「この人はおかしい。もう帰りましょう」と私に耳打ちした。

しかし、私は帰ろうとは思わなかった。殴り合いの「ケンカ」と原理原則は同じだ。出合い頭で戦意を失ったら負けである。ジャーナリストとしても何も得るものはない。私は彼に、「北方領土の話をしに来たんじゃない。あなたの政策を聞きたいのだ」と、至極当然のことを言った。ジリノフスキーはぽかーんとしていたが、取材が始まると、「自分は大ロシアの復活のため独裁者になる」「日本に原爆を落としたっていいんだ」などと右翼らしい爆弾発言を連発した。こちらが顔色一つ変えずに質問を続けていったら、最後は上機嫌で何でも要求に応じてくれた。北方領土の地図を前に写真を撮らせてくれと言うと、Ｖサインまでしてポーズを取ったのだから、なかなか可愛いものである。

彼の剣幕に動じなかったのは、取材に先立ってジリノフスキーの考えを勉強していたからだ。もちろん彼の著書も読んだ（非常に薄い本だったが）。分析の結果、ジリノフスキーは

ジリノフスキー氏へのインタビュー。相手の〝威嚇〟に屈しないのが取材の要諦だ。

〝マッチョなイメージ〟を何よりも大事にする男だとわかっていた。それには悲しくもユーモラスな理由がある。彼自身が自著に書いているのだが、10代後半に初めて女性とセックスをすることになった。しかしいざという時になって全く勃たなかったのだ。ならば表向きくらいは男っぽくなろうと決心したと述懐している。中身はないが、とにかく強気に出てくる。だからそれに屈せず、かつプライドを傷つけない問い掛けをしていけば気分良く喋るであろうと予想できていた。これは「情報」が「ケンカ」に役立つ好例である。

もちろん取材によって新たな収穫もあった。ジリノフスキーの発言自体は無茶苦茶だったが、確かにロシアで大きなブームを起こしていることはわかった。我々が取材を終えて引き揚げようとした時には、2～3人の若い坊主頭のロシア人が事務所に入ってきて、直立不動でジリノフスキーに党員になりたいと申し出ていた。ジリノフスキーのような政治家にも若い新規の支持者がいる。国が困窮している時には平時には考えられないような極右勢力が台頭するが、当時のロシアもそうだった（最近の例で言えば経済危機に陥ったギリシャにおける極右政党「黄金の夜明け」などがそれに近い）。通り一遍の取材からは見えてこない現地の空気を読み取ることがジャーナリズムの醍醐味でもある。取材対象が言葉の軽い政治家なら、言葉以外の情報にこそ伝えるべき真実が隠されているものだ。ジリノフスキーの第一声に怖じ気づいて逃げ出していれば見ることのできなかった真実である。

無茶はガンよりも強し

ジリノフスキーなど可愛いものだったが、実際に命の危険に晒された現場もあった。

１９８０年代前半、アメリカでの取材もそうだった。私はニューヨークのサウス・ブロンクスでギャングたちを取材していた。その頃のサウス・ブロンクスと言えばこの世の地獄で、街全体が廃墟と化していた。だからこそ超大国アメリカの抱える問題が凝縮されているのではないかと考えて取材先に選んだわけだが、ギャングたちに取材しようにも、電話帳に連絡先など出ているはずもないし、足掛かりのない取材でアポイントメントなど取りようがなかった。地元警察にも相談したが、最終的には現場に行ってみるしかないということになった。警察からは、どんなことが起きても責任は持てないと警告されたが、私は手ぶらでは日本に帰らないと覚悟を決めてこの「ケンカ」に臨んだ。

警察の担当刑事に言われた通り、辿り着いたのは崩れかけのビルだった。ビルの前にたむろしている連中に「ボスはいるか?」と聞くと、「今は警察に捕まっている」と答えた。当時のサウス・ブロンクスを牛耳っていたギャング組織であるサヴェッジ・ノーマッドのリーダー、〝クレイジー・ジョー〟は強姦容疑で逮捕されて収監中だったのだ。だが、幸運なこ

収監中のクレイジー・ジョーの代わりにサヴェッジ・ノーマッドで実質的なリーダーとなっていたフライと呼ばれる男。武装し、まるで感情もないような顔つきであった。

とにビルの中にはジョーの妻である〝ビッグ・ママ〟がいるという。私は、「ここで取材したことは日本語でしか記事にしない。英語では記事化しない」という条件を提示してビッグ・ママに取り次いでもらったところ、取材にOKが出た。

部屋に招き入れられると凄まじい汚臭が鼻をついた。トイレに水が流れていないのだ。そして文字通りの太り肉《じし》を揺らしてビッグ・ママが登場した。私たちを取り囲んだのは刑務所に何度もブチ込まれたサヴェッジ・ノーマッドの幹部たちである。決して動揺を表情に出さないようにした。彼らの目からは、我々を値踏みしている様子が読み取れた。ここで弱みを見せたら、何をされるかわからない。あくまでも冷静に、手土産に用意してきた缶ビールのケースを差し出した。それで彼らの心証が良くなると警察から聞いていたからだ。媚びる姿勢も動揺する素振りもしないでいたからか、彼らは素直に手土産を受け取り、そこからはリラックスしたムードで話を聞くことができた。

当時としては貴重な証言ばかりだった。サウス・ブロンクスのギャングの勢力分布やサヴェッジ・ノーマッドと敵対する組織がどこか、といった情報を聞くことができたし、彼らが殺しをする時にどういった方法を好むか、といったきわどい話まで聞くことができた。サウス・ブロンクスの荒廃の背景には絶望的な貧困があることもよく理解できた。取ったリスクが大きかった分、価値のある情報を得ることができた。

取材を終えてビルから出ると、警察官が待っていて「よく無事で帰ってこられたな」と驚かれた。現地警察から自衛のために拳銃を持っていったほうがいいと忠告されてもいたが、断わった。使い慣れない拳銃など持っていても、懐に忍ばせていることがバレた時点で相手を怒らせるだけだ。それならば、自分の度胸と覚悟で勝負しようと思って出掛けた取材だったが、今思い返しても決して勝算の高い「ケンカ」ではなかった。若いからできた無茶だ。

ＫＫＫとショットガン

同じ頃に白人至上主義の秘密結社・ＫＫＫのニューリーダーとして急速にマスコミに浮かび上がってきたディビッド・デュークに取材したのも思い出深い経験だった。

当時のアメリカではＫＫＫの人気が増していて、それまでは夜しか活動しなかった彼らが、白昼堂々と白い衣を纏って集団で行進を行なうほどだった。〝ニューＫＫＫ〟と呼ばれるムーヴメントが起きていた頃である。私はなぜアメリカで再び人種差別主義が台頭しているのかを知るために、デュークにアポイントメントを取り、アメリカに飛んだ。会う約束を取り付けるのは難しかったが、インタビューしてみるとデュークは知的な人物で地元の新聞によると彼のＩＱは１５０。ルックスも良くきちっと背広に身を包み、ヴォキャブラリーも豊富

ニューKKKのリーダー、ディビッド・デュークにインタビューする著者。下は儀式をリードするデュークと白で統一されたユニフォーム姿のKKK。

で、一見ウォール街のエリートに見える。受け答えも非常に的確だった（もちろん思想は差別主義に凝り固まっているし、論理のすり替えも数多くあったのだが）。意思の疎通がうまくいったため安心したのか、デュークは「仲間を紹介したい」と言い出した。これがピンチの始まりだった。

行った先はアラバマ州の片田舎にある村。デュークの仲間のうちでもより古い考えを持つ面倒な連中と出くわしてしまった。要は有色人種であれば黒人も日本人も忌み嫌うという典型的な差別主義者だ。彼らはデュークに向かって「ジャップを連れてくるようになったんじゃ、この組織もお仕舞いだな」と言い放った。そして私とカメラマン、同行していた編集者は大きな納屋の2階に連れ込まれた。15人の白人たちが皆、手にショットガンを持って待ち構えていた。皆、典型的なレッドネックの顔付きをしている。およそポール・ニューマンやロバート・レッドフォードはいない。

ちょっと緊張はしたが、冷静さを失わないように気を引き締めた。日本から取材に来たジャーナリストであることを伝えても彼らの興奮は収まらず、納屋の梁にロープをかけて「誰が最初に吊るされることになるかな」などとニヤニヤしながら語りかけてきた。ショットガンを持った連中は、抜かりなく我々をぐるりと取り囲んだ。

絶体絶命に思えたが、それまでの「ケンカ」の経験からもパニックに陥ることが一番危険だと自分に言い聞かせた。努めて冷静に考えて相手を観察すると、「こいつらもビビって動揺している」と気付いた。それはそうだ。取り囲んだ状態でショットガンなどぶっ放せば、向こう側には味方がいるのだから同士討ちになる。KKKとて田舎者だから日本人を撃ったことなどない。予想もしていなかった状況で、どうしてよいかわからずにいたのである。とはいえ一発で命を失う破壊力の高い銃に囲まれれば、普段なら気付くことでもなかなか目に入らないものだ。冷静さを失わなかったことで、少しだけ勝てる見込みが出てきた。

彼らも緊張している——その時、デュークが「こいつらは空手のブラック・ベルト（黒帯だ」と言った。初めてデュークに会った時、我々皆が空手のブラック・ベルトだとブラッフをかましておいたのだ。いざという時のためだ。幸いなことに彼らは空手の実物を見たことがなかったのだろう、互いの表情をうかがってキョロキョロしだした。

「あんた方は空手で人が殺されたのを見たことがあるかい？　綺麗なもんだぜ。ショットガンを使えば俺たちの体はバラバラになって血が飛び散り、メッシーになる。そこへいくと空手は綺麗に殺せる。それにこの州ではまだ死刑制度があるはずだ」

こっちにとっては一か八かの賭けだった。しばらくの静寂の後、デュークが「我々はニューKKKだ。こんなことで事を荒立てないほうがいい」と助け船を出したため、事なきを得ることができたのだった。おまけにKKKのその村での活動を写真に撮る許可までもらうことができたから取材は成功だった。危険を顧みずに踏み込んだことで、この時のKKK取材はアメリカの恥部や暗部を映し出すものにできたと今でも自負している。デュークに関して言えば、その後彼は合衆国議会の上院に立候補したが落選した。だがニューKKKのメンバーの数は膨れ上がった。それまでタブーだった女性とカトリック教徒にメンバーシップを開放したからである。

九死に一生の体験だったが、オイルマン時代の荒っぽい経験がプラスになったことは否めない。それ以後は取材相手の脅しに動揺することはまずなくなった。「ケンカ」には度胸と精神力が必須だが、そのためには経験に勝る財産はないのである。命を危険に晒すジャーナリストの「ケンカ」は、そのまま人生の参考にすべきものではないが、私が若者に殴り合いではなく精神力と頭脳での「ケンカ」をしろと勧める所以はそこにある。

戦場取材で出会った美しい魂

リスクという点では、最も危険な取材はやはり戦場になる。いつも死と隣り合わせだと言ってもいいだろう。

私が冷や汗をかいた取材として覚えているのは1990年のパレスチナである。元来、パレスチナは紛争の激しさのわりに、ジャーナリストが命を落とすケースは少ない。イスラエル側もパレスチナ側も国際社会の支持を得るためにはジャーナリストを味方につけたいと考える。自らに都合のいい情報を拡散してもらいたいから、記者やカメラマンに被害が及ばないように注意を払っているのだ。

それだけに、この時の体験は最高レヴェルの危険度だった。

ユダヤ人の現地ガイドとカメラマン、担当編集者と一緒にエルサレムのアラブ人地区を取材していた時のことだ。ＰＬＯのスポークスマンにインタビューしたのだが、その中で当日に大規模なインティファーダ（一斉蜂起）があるという情報を聞き出し、我々は現場に向かうことにした。

旧市街地のイスラム教徒地区に着くと、「ユダヤ人に死を！」といった過激なスローガンがモスクの屋根に設置されたスピーカーから大音量で流れていた。

旧市街地の奥へ進むと、十字路で左側から数十人のアラブ人がこちらに向かってダッシュしてくる。どうやら彼らは何かから全力で逃げているようだ。それがわからなかったので、彼らが逃げてきた方向に進み、アル・アクサ・モスクのある広場につながる門まで辿り着いた。そこで広場の向こう側を見ると、なんとイスラエル軍兵士がM16を構えているではないか。

戦場取材ではポジショニングが生死を分ける。両陣営から挟み撃ちにされる位置取りは最も回避しなければならない。「ケンカ」にはリスクはつきものだが、それはリターンを勝ち取る計算があって初めて成り立つ話だ。戦場のど真ん中に突き進むことは取材でもなければ正しい「ケンカ」でもない。ただの無謀である。そして、冷静さを失って危険すぎる場所に踏み込むことは戦場では即、命取りになる。

我々取材チームのポジションは最悪だった。マズいと思って引き返そうとした瞬間、一斉射撃が始まった。必死で走っているうちにチームの面々ともはぐれてしまった。仕方なく通り沿いにあった民家に駆け込んで銃声が止むのを待った。少し経って外が静かになったところで表に出ると、今度はアラブ人たちがイスラエル軍に対して投石を始めた。イスラエル側もそれに応じて銃撃を再開してしまった。

両方に挟まれた場所で途方に暮れていると、先ほど飛び込んだ民家から男が手招きしてきた。アラブ人のジャーナリストを名乗ったその男は、日本人が撃たれたようだから私を病院まで案内すると言って、表に出て広場に向かった。だが、イスラエル側の銃撃が止まないので私は通りに止められた車の陰に身を隠した。するといきなり、私の隣に別のアラブ人の男が飛び込んできた。彼の顔を間近に見たその瞬間、そのアラブ人の眉間に弾丸が命中した。その男は私にもたれかかるように倒れてきて、私の体も傾いた。

これはマズいと思った刹那、銃弾が私の右耳をかすめた。私のかけていた眼鏡は弾き飛ばされてしまった。眉間を撃ち抜かれた男が倒れかかってこなければ、私も頭を撃ち抜かれていたかもしれない。ポケットからハンカチを取り出し、イスラエル兵に向けて「ヤパニー（日本人だ！）」と叫びながら振った。すると銃撃は止んだのだが、アラブ人ジャーナリストの姿はいつの間に消えていた。

今思い返すと、〝謀略〟だったのかもしれない。日本人ジャーナリストがイスラエル兵に撃たれたとなれば、世界中で反イスラエルの報道が出るだろう。そう考えたアラブ人がいてもおかしくはない。戦場とはそういう非情な場所である。

この例に限らず、特に「21世紀の戦争」ではジャーナリストの命がより危険に晒されるようになった。

第二次世界大戦やベトナム戦争においても従軍取材はあった。しかし、従軍記者が死ぬという事件は今ほど多くなかった。それは国家同士の戦争だったために、記者を巻き添えにしてはならない、という配慮がある程度機能したからだ。しかし世紀が変わって状況も変わった。２００１年のアメリカ同時多発テロ以来、国家対テロ組織という非対称の戦争が取材対象になると、どこが戦場になるかもわからない中で、ジャーナリストが戦火に巻き込まれる事例が増えたのである。

それでも戦場には危険を冒して行く価値があると私は考えている。同じように考えるジャーナリストが数多くいるから、戦争の真実は世界に伝えられている。そして、戦争の真実とは権力や暴力の激突だけではない。戦争という絶望の中でも希望を失わない人間の強さと美しさを幾度も目にした。

戦場で出会ったイスラエルの戦車部隊のキャプテンは、まだ26歳の若者だった。大学院を出てすぐに徴兵されたこの若者は、「本当は百姓になりたいんだ。キブツ（集団農場）に入って平和に暮らしたい」と本音を吐露した。好んで戦場にいるわけではないというのだが、この心優しい若者はその後に、「それでも個人の幸せより国家の安泰、民族の永続性のほうが重要だ」と続けた。彼の美しい瞳は、今でも私の脳裏に焼き付いている。

私は毎朝起きると必ず、

「This is the beginning of the last day of my life.（今は私の人生最後の日の始まりである）」

と、声に出して唱えることが日課になっている。紛争地で出会った若者たちと同じように、「今」を必死で生きる気持ちを忘れないでいたいからだ。

本人が望んでいないにもかかわらず、命を危険に晒す「ケンカ」に身を投じなければならない若者が世界にはたくさんいる。彼らは明日死ぬかもしれない現実の中にいながら、「この戦争が終わったら、どんな仕事をしたいか」と夢を語り合う。生きることへの切ない執着がそこにある。目の前のリスクから逃げない、いや逃げられない彼らは、「ケンカ」の必要性も怖さも一番知っているのかもしれない。

日本ではどうだろう。明日爆弾が飛んできて死ぬリスクはないが、夢を持っていない、夢を堂々と語れない若者がたくさんいるように思えてならない。

私はジャーナリストとして取材現場で「ケンカ」から逃げない無名の若者たちの言葉を数多く聞いてきた。その他愛もない夢を実現できずに命を落とした者も少なくない。彼らの悲痛な思いを知っているからこそ、恵まれた環境にある日本と日本人には、有益で意味のある「ケンカ」から逃げてもらいたくない。「ケンカ」が教えてくれたものを、一人でも多くの日本人に伝えることが私の使命だと信じて本書を執筆した。

祖国と同胞の勇敢な「ケンカ」を、命の限り取材してみたい。

イスラエルの国境警備部隊の若者たちと筆者。彼らの純粋な思いには胸を打たれる気持ちだった。

終わりに

日本人よ、「粗にして野だが卑ではない」精神で前進しよう

1963年に第5代国鉄総裁となった石田礼助氏が、総裁として初めて国会に呼ばれた時、議員たちを前にして自己紹介しながらスピーチを行なった。そのスピーチの中で使われたのが、〝私は粗にして野だが卑ではない〟という名言だった。彼の豪放磊落な性格、人情味、プライオリティの選択力、抜きん出たリーダーシップ、そして国際的ビジネスマンとしての能力に作家の城山三郎氏が着目して石田氏の伝記を執筆した。その本のタイトルに使われたのがこの名文句だった。

今、日本人に必要なのはこのような精神的強さであろう。もし日本に諜報機関が創設されるとしたら、私は躊躇なく石田氏のような抜《ばつ》山《ざん》蓋《がい》世《せい》の雄を推薦する（残念ながら彼は既に亡くなっているが）。

「ケンカ」をテーマに書くとなると、日本人に野蛮な生き方を勧めていると勘違いされるかもしれないと心配もしたが、ここまで読み進めてくれた読者諸兄であれば、私の言う「ケン

カ」が単なる蛮勇とは全く違うものだと理解してくれたことと思うから、これ以上の説明は要るまい。本書を締めくくるにあたって、日本が守るべき良さについて触れておきたい。

「ケンカ国家」を作り上げるためには、何も国の在り方をすべてリセットする必要はない。日本人の慎み深さや思慮深さは世界から尊敬されている。その良さを残しながら、あるいは活かしながら、ほんの少しメンタル・スウィッチをして、競争に打って出る勇気を持てばいいのだ。

2012年のロンドン・オリンピックでは、終盤になって悲しむべき出来事があった。男子サッカーの3位決定戦で日本に勝利した韓国の選手が、島根県の竹島について「独島は我々の領土」と書かれたボードを掲げ、フィールドを駆け回った件だ。その後、韓国チームメンバーがフィールド上に広げていた巨大な韓国国旗の上にそのボードが置かれた。オリンピック精神に反する愚行であった。

しかも、このような愚行の後に韓国国内ではボードを掲げた選手がメダル獲得とセットになっていた兵役免除を手にできるかどうかで盛り上がったのだという。私は怒りよりもむしろ、彼の国と国民のあまりの幼稚さに哀しみを覚えたが、多くの日本人が同じように感じたのではないだろうか。日本でどんなに領土問題について言論が過熱しても、日本の選手やファンは今回の韓国と同じような行為に拍手喝采は送らない。

これは「品格」の問題である。

いくら優秀な諜報機関を持っていても、したたかなリーダーが選ばれたとしても、品格を失った国家で私は生きていきたくない。賢く、忍耐強く、品のある国民性が日本には残っている。「ケンカ国家」はその良さと引き換えにして手に入れるものでは決してないのだ。むしろ、そうした良さを活かすために「ケンカ」のやり方を覚えてもらいたいというのが私の論旨である。守るべき唯一無二の国家であるからこそ「ケンカ」する必要がある。だから「ケンカ国家」となった日本がどういう姿になるか、そのままお手本になる国は世界中のどこにもない。本書の中で個人、企業、政府、それぞれのレヴェルで「ケンカ」のできる者たちの事例とエッセンスを紹介したが、そうした「ケンカ」の手法がこの国の良さと融合した時に、どれほど素晴らしい国になるか私は想像をたくましくして期待している。日本と日本人にはそれだけのポテンシャルがある。

現状では、この国は〝ケンカ音痴〟のまま滅亡への一本道を歩んでいる。しかし、私は日本が世界から尊敬される「ケンカ国家」となる未来がやってくることを信じたい。この本を置いた瞬間から読者諸兄の「ケンカ」は始まっている。祖国が真に愛すべき存在であり続けるために、一緒に「ケンカ」しようではないか。

落合信彦　おちあい・のぶひこ
作家・国際ジャーナリスト。アメリカのオルブライト大学、テンプル大学大学院で国際政治学を専攻。オイル・ビジネスに従事した後、ジャーナリストに転身。97年、オルブライト大学より人文学名誉博士号を授与される。『二〇三九年の真実』『ケネディからの伝言』『狼たちへの伝言』『最強情報戦略国家」の誕生』『世界を変えた巨人たち「IF」』など著書多数。現在、国際情報誌『SAPIO』で「新世界大戦の時代」を連載中。

ケンカ国家論

二〇一三年三月十一日　初版第一刷発行

著　者　落合 信彦
発行者　森 万紀子
発行所　株式会社 小学館
〒一〇一-八〇〇一
東京都千代田区一ツ橋二-三-一
電話　編集　〇三-三二三〇-五八〇一
　　　販売　〇三-五二八一-三五五五
印刷　中央精版印刷 株式会社
製本　牧製本印刷 株式会社

造本には十分注意しておりますが、印刷、製本など製造上の不備がございましたら「制作局コールセンター」（フリーダイヤル〇一二〇-三三六-三四〇）にご連絡ください。（電話受付は、土・日・祝日を除く 九時三〇分～十七時三〇分）

ISBN 978-4-09-389745-7
カバー写真●AP/AFLO、REUTERS/AFLO、LAFARGUE FREDERIC/GAMMA/AFLO、東洋経済/AFLO、Picture Alliance/AFLO、TopFoto/AFLO、Natsuki Sakai/AFLO、近現代PL/AFLO
本文写真●長濱治、山本皓一、立木義浩、太田真三（小学館）、AP/AFLO、REUTERS/AFLO、TopFoto/AFLO